LA

LIBERTÉ DANS L'ÉCOLE

COMTE LÉON TOLSTOÏ

LA LIBERTÉ
DANS L'ÉCOLE

PREMIÈRE TRADUCTION FRANÇAISE
PAR
B. TSEYTLINE ET E. JAUBERT
AVEC UNE LETTRE
DE M. MICHEL BRÉAL
DE L'INSTITUT

PARIS
NOUVELLE LIBRAIRIE PARISIENNE
ALBERT SAVINE, ÉDITEUR
18, Rue Drouot, 18
—
1888

J'ai lu avec un vif intérêt les épreuves de Tolstoï que vous m'avez adressées et j'ai en même temps réfléchi à la demande que vous m'avez faite d'y mettre un avant-propos.

Les idées de Tolstoï en matière d'instruction sont tellement originales, et elles sont en un rapport si intime avec l'état moral et social de la Russie, qu'il faudrait toute une étude sur l'auteur, étude que je n'aurais pas le temps de faire et qui, d'ailleurs, serait déplacée en tête du volume. Veuillez donc m'excuser de ne pas accepter une offre si honorable pour moi.

Heureusement que Tolstoï est de ceux qui n'ont pas besoin d'introducteur. Tous les hommes que préoccupe le problème de l'instruction populaire voudront connaître jusqu'au bout la pensée de ce noble et profond esprit.

MICHEL BRÉAL.

Paris, le 15 Mai 1888.

I

SUR L'INSTRUCTION PUBLIQUE

I

L'instruction publique, toujours et partout, a présenté et présente un même phénomène que je ne puis m'expliquer.

Le peuple a soif de l'instruction, et chacun y court d'instinct. La classe la plus
instruite — la société, le gouvernement — a
soif de transmettre la science, de former la
classe moins instruite du peuple.

Il semblerait donc qu'une pareille coïnci-
dence de besoins devrait satisfaire aussi
bien la classe qui instruit que la classe qui
veut s'instruire. Mais il en advient tout autrement.

Le peuple regimbe toujours contre tous les efforts que tentent, pour son instruction, la société ou le gouvernement, représentants de la classe la plus instruite, et ces efforts, la plupart du temps, demeurent infructueux.

Sans parler des écoles de l'antiquité, — de l'Inde, de l'Egypte, de l'ancienne Grèce et de Rome même — dont l'organisation nous est si peu connue, comme l'opinion qu'en portait le peuple, — ce phénomène nous frappe dans les écoles d'Europe depuis Luther jusqu'à nos jours.

L'Allemagne, l'initiatrice de l'École, après une lutte deux fois séculaire, n'a pas encore réussi à vaincre la résistance du peuple à l'École. Malgré les nominations d'instituteurs choisis par les Frédérics parmi les soldats invalides qui ont bien mérité de la patrie, malgré les rigueurs de la loi établie depuis deux cents ans, malgré la préparation des maîtres

formés dans les séminaires [1] aux méthodes les
plus récentes, malgré le sentiment de l'obéissance à la loi inné dans le cœur de tout Allemand, la contrainte de l'école est à charge
au peuple encore à présent : les gouvernements allemands ne se résolvent pas à abo-
lir le caractère obligatoire de l'École. L'Allemagne peut se glorifier, statistique en main,
des progrès de l'instruction du peuple ; mais
le peuple, aujourd'hui comme avant, n'emporte guère de l'école que le dégoût de
l'École.

En France [2], bien que la haute main sur
l'enseignement ait passé du roi aux classes
dirigeantes et des classes dirigeantes au
clergé, les résultats obtenus n'ont pas été
beaucoup plus brillants qu'en Allemagne, et
même, à en croire les historiens de l'instruc-

[1] Institution allemande, analogue à nos écoles normales.
[2] Il ne faut pas oublier que ces lignes ont été écrites
en 1862.

tion publique qui jugent d'après les comptes rendus officiels, ils ont été moins brillants. En France, des hommes politiques sérieux en sont, encore aujourd'hui, à proposer, comme l'unique moyen de vaincre la résistance du peuple, l'introduction de l'enseignement *obligatoire*.

Dans la libre Angleterre, qui ne pouvait ni ne peut admettre l'idée d'une pareille loi, — à laquelle plusieurs sont pourtant acquis — la société, sinon le gouvernement, a lutté jusqu'ici et lutte encore par tous les moyens possibles contre la résistance du peuple aux écoles, résistance qui se manifeste encore plus énergiquement que nulle part ailleurs. Les écoles y sont fondées en partie par le gouvernement, en partie par des Sociétés particulières. L'ardent prosélytisme et l'excessive activité de ces Sociétés religieuses et philanthropiques d'Angleterre prouvent mieux que tout le reste l'intensité de la résistance que rencontre là la classe qui cherche à instruire le peuple.

Il n'est point jusqu'à ce pays neuf — les États-Unis d'Amérique — que cette difficulté n'ait arrêté, et qui n'ait rendu l'instruction demi-obligatoire[1].

[1] Dans une étude sur un *Projet d'organisation des écoles populaires* (1862), le comte Léon Tolstoï a comparé sommairement, sous le rapport de l'instruction publique, la Russie avec les États-Unis. Voici le début de cette étude :

« Ces jours-ci, j'ai lu le projet du plan général de l'organisation des écoles populaires.

« Cette lecture a produit sur moi une impression analogue à celle que doit éprouver un homme qui, accoutumé depuis longtemps à voir et à chérir un jeune bois grandi sous ses yeux, apprendrait tout à coup la nouvelle qu'on veut faire de ce bois un jardin, — couper ici, ébrancher là, déraciner ailleurs les jeunes plants, et les remplacer par des allées sablées.

« Voici le sens général du projet. Le gouvernement, pénétré de la nécessité de propager les lumières, et supposant que l'instruction du peuple n'est pas encore commencée ; que le peuple envisage avec animosité son instruction à venir ; que le règlement de 1828, défendant d'ouvrir des écoles et d'enseigner aux personnes qui n'en ont pas le droit, s'exécute rigoureusement ; que le peuple n'aura pas la force de se mettre jamais à son instruction, ou, s'y mettant, de la mener à bien, — le gouvernement établit une nouvelle contribution, la plus considérable de toutes celles qui existent, la contribution scolaire, et confie aux tchinovniks du ministère la direction de toutes les écoles à ouvrir, c'est-à-dire le choix des instituteurs, des programmes, des manuels. En échange de cette contribution,

Que dire de notre patrie, où le peuple est
encore, pour la plupart, réfractaire à l'idée
même de l'école, où les gens les plus instruits rêvent l'introduction de la loi allemande
sur l'obligation de l'enseignement, et où
toutes les écoles, même au regard de la caste

le gouvernement s'engage devant le peuple à trouver et à
placer cinquante mille instituteurs, et à créer au moins
cinquante mille écoles. Mais le gouvernement jusqu'ici
s'est toujours récusé et se récuse quant à la direction des
écoles de paroisse et de district, écoles qui existent déjà.
Tout le monde sait et tous sont d'accord qu'il n'y a pas
d'instituteurs.

« Cette idée, si étrange dans son expression simple pour
tout Russe qui connaît sa patrie, est obscurcie dans le projet par des explications diverses, des plans préalables, et
par l'octroi de droits dont nul Russe, jusqu'à présent,
n'aurait jamais pensé douter.

« Mais cette idée, du reste, n'est point neuve. Elle était
déjà appliquée notamment dans l'un des plus grands
États du monde, dans les États-Unis. Elle a donné en
Amérique des résultats relativement splendides ; nulle
part ailleurs l'instruction publique ne s'est développée
ni aussi vite ni aussi largement.

« Cela est absolument juste.

« Mais si l'Amérique, en commençant ses écoles après
les États de l'Europe, a mieux réussi dans l'instruction
publique que l'Europe, il s'ensuit seulement qu'elle a rempli sa mission historique, et que la Russie, à son tour,
doit remplir la sienne. En important sur son sol le système américain, obligatoire (moyennant la contribution
scolaire), la Russie se tromperait, comme se serait trom-
pée l'Amérique en empruntant, au début de ses écoles, le
système allemand ou anglais.

supérieure, ont besoin, pour exister, de l'appât des grades et des avantages correspondants.

Partout, jusqu'à présent, on force les enfants d'aller à l'école, on force les parents, ou par les rigueurs de la loi, ou par la ruse, — par les avantages qu'on leur assure — d'envoyer leurs enfants à l'école ; mais par-

« Le succès de l'Amérique est dû uniquement à ce que ses écoles se sont développées harmoniquement avec le temps et le milieu. De même, me semblerait-il, doit faire la Russie de son côté. Je suis absolument convaincu que le système russe de l'instruction publique ne serait point pire que les autres (en se conformant à toutes les conditions de temps il doit être meilleur); il doit être le sien propre, et différer de tout autre système.

« La loi sur la contribution scolaire est établie en Amérique par le peuple lui-même. Là, la majorité, sinon le peuple entier, croit pleinement en la nécessité du système d'instruction proposé, et a toute confiance dans le gouvernement auquel il remet l'organisation des écoles. Si la contribution scolaire semble abusive, ce n'est qu'à une insignifiante minorité.

« Comme on le sait, l'Amérique est le seul État du monde qui n'ait point de corps de paysans, non seulement *de jure*, mais *de facto*; par suite, cette différence entre l'instruction et l'idée que s'en font chez nous les corps de paysans et autres corps n'existe point là-bas. De plus l'Amérique, en organisant son système d'écoles, s'était, j'imagine, convaincue qu'elle possédait l'élément le plus essentiel de cette organisation : — des instituteurs.

« Mais si nous comparons, sous tous leurs rapports, la Russie avec l'Amérique, l'impossibilité d'implanter le système américain sur le sol russe deviendra dès lors évidente... »   (*Note des traducteurs.*)

1.

tout le peuple s'instruit lui-même et appré-
cie l'instruction comme un bien.

Qu'est-ce donc alors?

Le besoin de l'instruction est inné en
chaque homme, le peuple aime et recherche
l'instruction comme il aime et recherche
l'air qu'il respire. Le gouvernement et la
société brûlent du désir d'instruire le peuple,
et, malgré toute contrainte, ruse et obstination des gouvernements et des sociétés,
toujours le peuple manifeste sa répugnance
pour l'instruction qu'on lui offre; il ne cède
qu'à la force, et pas à pas.

II

Comme toutes les questions qui se posent, celle-ci appelait une réponse : Qu'est-ce qui est le plus légitime, la réaction, ou l'action elle-même ? Faut-il briser la réaction, ou changer l'action ?

Jusqu'ici, autant qu'on peut en juger d'après l'histoire, la question a été tranchée au profit du gouvernement et de la société qui instruit. La réaction a été reconnue comme illégitime, on a vu en elle l'origine du mal qui pèse sur l'homme ; et, sans vouloir rien changer à ses moyens d'action, c'est-à-dire à la forme et au fond de l'instruction tels qu'elle les entendait, la société

a usé de violence et de ruse pour détruire
la réaction du peuple. Le peuple, jusqu'ici,
s'est soumis à cette action lentement et à
contre-cœur.

Peut-être la société qui instruit avait-elle
des données pour savoir que l'instruction
telle qu'elle l'entendait était bonne pour un
certain peuple et une certaine époque historique.

Mais quelles sont ces données? Sur quel
fondement l'école de notre temps enseigne-
t-elle ceci et pas autre chose, enseigne-
t-elle ainsi et pas autrement?

Toujours et dans tous les siècles l'humanité essaya de donner à ces questions et
donna des réponses plus ou moins satis-
faisantes, et à notre époque cette réponse
est encore plus nécessaire que jamais.

Le mandarin chinois qui n'a jamais quitté
Pékin, on peut le forcer d'apprendre par
cœur les sentences de Confucius, et de les

imprimer à coups de verges dans l'esprit
des enfants. On pouvait agir de même au
moyen âge, mais où prendre de nos jours
cette vive croyance en la certitude de notre
savoir qui seule pourrait nous conférer le
droit d'enseigner le peuple par la force?

Prenez n'importe quelle école du moyen
âge, avant ou après Luther, prenez toute la
littérature didactique du moyen âge, quelle
force de croyance on remarque chez ces
gens-là, quelle connaissance forte et indubitable de ce qui est juste, de ce qui est
faux! Certes il leur était facile de tenir la
langue grecque pour la condition unique,
indispensable de l'instruction, Aristote ayant
écrit dans cette langue, Aristote dont nul,
encore quelques siècles après, n'eût osé ré-
voquer les thèses en doute.

Comment les moines n'auraient-ils point
imposé l'étude des Écritures saintes, établies
sur d'inébranlables fondements? Luther avait

raison d'imposer l'étude de l'hébreu, puisqu'il savait, à n'en point douter, que c'était
dans cette langue que Dieu même avait
donné la vérité aux hommes.

Il est clair que l'école, alors que le sens
critique du genre humain ne s'était pas
encore éveillé, que l'école devait être dogmatique ; il était naturel d'apprendre par
cœur les vérités transmises par Dieu et
Aristote, et les beautés littéraires de Virgile
et de Cicéron. Personne, encore quelques
siècles après, n'eût pu s'imaginer ni une
vérité plus vraie, ni une beauté plus belle.

Mais quelle est la situation de l'école de
notre temps, école toujours assise sur les
mêmes principes dogmatiques, quand, au
sortir de la classe où l'on apprend par cœur
à l'élève les preuves de l'immortalité de
l'âme, on l'oblige à comprendre que les nerfs
communs à l'homme et à la grenouille sont
ce qu'autrefois on appelait l'âme ; quand,

après l'histoire de Josué, qu'on lui enseigne
sans commentaires, il apprend que le soleil
n'a jamais tourné autour de la terre; quand,
après l'explication des beautés de Virgile,
il goûte bien davantage les beautés d'Alexandre Dumas, à lui vendues pour cinq centimes; quand l'unique foi de l'instituteur
consiste à croire que rien n'est véritable, que
tout ce qui existe est rationnel, que le progrès, c'est le bien, et que la routine c'est le
mal; quand personne ne sait en quoi consiste cette croyance générale du progrès?

Comparez maintenant l'école dogmatique
du moyen âge, où les vérités sont indubi-
tables, avec notre école, où nul ne sait s'il
y a une vérité, et où cependant l'élève est
forcé d'aller, le père d'envoyer ses enfants.

Il était facile, pour l'école du moyen âge,
de savoir ce qu'il faut enseigner, ce qu'il
faut enseigner d'abord et ensuite, et comment enseigner, alors qu'existait une seule

méthode, et que toute la science était con-
centrée dans la Bible, dans les livres d'Au-
gustin et ceux d'Aristote.

Mais que faire, nous, devant cette infinie
diversité des méthodes d'enseignement qui
surgissent de toutes parts, devant ce grand
nombre de sciences et de leurs subdivisions
qui se sont formées de nos jours ? Comment
choisir l'une de ces méthodes, comment
choisir l'une des branches de la science,
comment choisir, ce qui est plus difficile
que tout le reste, un ordre d'enseignement
de ces sciences, un ordre qui serait rationnel et juste ?

Ce n'est pas tout. La découverte de ces
fondements nous apparaît aujourd'hui encore plus ardue, comparativement à l'école
du moyen âge, si nous songeons qu'alors
l'instruction était réservée à une classe unique, qui se préparait à vivre dans des conditions rigoureusement déterminées: mais

à notre époque, où le peuple entier revendique son droit à l'instruction, c'est alors
que la connaissance de ce qu'il faut à toutes
les diverses classes nous apparaît encore
plus difficile, encore plus indispensable.

III

Mais ces fondements, quels sont-ils ?

Demandez à n'importe quel pédagogue pourquoi il enseigne précisément ceci et non point cela, avant et non point après. Et s'il vous comprend, il vous répondra : « Parce qu'il connaît la vérité transmise par Dieu, qu'il a le devoir de la transmettre à la jeune génération, et de l'élever dans ces principes qui sont indubitablement véritables ; » mais en dehors des questions religieuses, il ne vous donnera pas de réponse...

Un autre pédagogue vous expliquera les fondements de son école par les lois éter-

nelles de l'esprit humain, qu'on trouve dé-
duites chez Fichte, Kant et Hæckel.

Le troisième fonde son droit de violenter
l'élève sur l'existence immémoriale de ce
droit ; toutes les écoles ont été violentes, et
néanmoins elles n'ont point laissé de donner
la véritable instruction.

Le quatrième enfin, réunissant ensemble
tous ces fondements, dira que l'école doit
être telle qu'elle est, car telle l'ont élaborée
la religion, la philosophie et l'expérience,
et que ce qui est consacré par l'histoire est
rationnel.

Tous ces arguments, qui en renferment
encore bien d'autres, peuvent, ce me semble,
se diviser en quatre catégories : *religieux*,
philosophiques, *expérimentaux*, et *historiques*.

IV

L'instruction qui a sa base dans la religion, c'est-à-dire dans la révélation divine, dont personne ne saurait contester la vérité et la légitimité, doit être, sans contredit, inoculée au peuple, et la contrainte est légitime dans ce cas, mais seulement dans ce cas.

Ainsi font les missionnaires en Afrique et en Chine. Ainsi fait-on dans toutes les écoles du monde en ce qui concerne l'enseignement de la religion catholique, protestante, juive, mahométane, etc.

Mais à notre époque, où l'enseignement religieux ne forme qu'une faible partie de

l'instruction, cette question : « Sur quel fondement l'école force-t-elle la jeune génération à s'instruire d'une certaine manière ? »
n'est point résolue par le point de vue religieux.

V

Peut-être la réponse sera-t-elle fournie par la philosophie. La philosophie a-t-elle des bases aussi solides que la religion? Quelles sont ces bases? Par qui, comment, quand ces bases ont-elles été déterminées? C'est ce que nous ne savons pas. Tous les philosophes trouvent les lois du bien et du mal, et, après les avoir trouvées, les appliquant à la pédagogie, prétendent qu'on instruise le genre humain d'après ces lois.

Mais chacune de ces théories, en regard des autres théories, apparaît incomplète et ne fait qu'ajouter un chaînon nouveau à la conscience du bien et du mal qui se trouve en l'homme.

Chaque penseur exprime seulement ce que sent son époque ; et c'est pourquoi l'instruction de la jeune génération conformément à cette conscience est absolument superflue, — cette conscience étant déjà innée à toute génération vivante.

Toutes les théories pédagogico-philosophiques ont pour but et pour tâche la formation de gens vertueux. Mais la notion de la vertu ou demeure au même point ou se développe infiniment, et malgré toutes les théories, la décadence et la splendeur de la vertu ne dépendent nullement de l'instruction. Un Chinois vertueux, un Grec, un Romain vertueux, un Français de notre époque vertueux, sont tous également vertueux comme, dans le cas contraire, ils seraient tous également pervers.

Les théories philosopho-pédagogiques re-

solvent la question : « Comment former le
meilleur homme d'après une certaine éthique
élaborée par telle ou telle époque et reconnue indubitable ? » Platon ne doute point
de la vérité de sa morale ; sur elle il édifie
son éducation, et sur son éducation, sa cité.

Schleiermacher dit que l'éthique est une
science encore bien éloignée de son développement : c'est pourquoi l'éducation et
l'instruction doivent se proposer pour but
de former des êtres capables de remplir les
conditions que la vie leur imposera, capables
de travailler à les perfectionner. L'instruction
en général, dit encore Schleiermacher, a pour
but de donner un homme achevé à l'État, à
l'Église, à la société, à la science. Seulement, il n'y a que l'éthique, pour imparfaite
qu'elle soit encore, qui puisse déterminer
auquel, de ces quatre éléments de la vie, se
consacrera l'homme élevé.

Comme Platon, tous les philosophes

pédagogistes cherchent le problème et le but de l'instruction dans l'éthique, — les uns la considèrent comme une science spéciale et définie, les autres, comme une science éternelle élaborée par le genre humain; mais à cette question : « Que faut-il apprendre, et comment? » aucune théorie ne donne une réponse positive.

L'un dit une chose, l'autre en dit une autre, et leurs thèses vont se contredisant et s'écartant de plus en plus. Les théories les plus diverses, les plus opposées surgissent simultanément. La tendance théologique lutte avec la tendance scolastique, la tendance scolastique avec la tendance classique, celle-ci avec la tendance expérimentale; maintenant toutes coexistent, sans que l'une l'emporte sur l'autre, et nul ne sait ce qui est faux, ce qui est vrai.

Les systèmes les plus contraires se font jour, les plus étranges, qui ne reposent sur rien, comme Rousseau, Pestalozzi, Fræbel etc. ; toutes les écoles se dressent l'une à côté de l'autre, expérimentales, classiques, théologiques. Nul n'est satisfait de ce qui existe ; et nul ne comprend qu'il faut du nouveau, que le nouveau seul est possible.

Examinez la marche historique de la philosophie pédagogique ; vous trouverez en elle non point le critérium de l'instruction, mais au contraire une seule idée commune, qui se rencontre, inconsciente, dans les théories de tous les pédagogistes, malgré leurs nombreux désaccords, — idée qui nous démontre que ce critérium n'existe pas.

Tous, de Platon à Kant, n'aspirent qu'à une chose, libérer l'école des liens historiques qui l'enserrent ; ils veulent deviner ce qu'il faut à l'homme, et, sur ces besoins plus ou moins bien devinés, ils fondent leur école nouvelle.

Luther exige qu'on étudie l'Écriture sainte

dans l'original, mais sans recourir aux commentaires des Pères de l'Eglise. Bacon veut qu'on étudie la nature dans la nature même, et non point dans les livres d'Aristote. Rousseau prétend enseigner la vie par la vie même, telle qu'il la comprend, et sans tenir compte des expériences antérieures. Chaque pas en avant de la philosophie pédagogique se borne à détourner l'école d'enseigner aux jeunes générations ce que les générations précédentes considéraient comme la science, pour l'accommoder aux besoins des jeunes générations.

Cette seule et commune idée contradictoire en soi se retrouve tout le long de l'histoire de la pédagogie : commune, car tous réclament pour l'école la plus grande somme de liberté ; contradictoire, car chacun édicte des lois fondées sur sa théorie, et par cela même entrave la liberté.

VI

L'expérience des écoles passées et présentes?... Mais comment cette expérience peut-elle nous démontrer la justice de la méthode existante de l'instruction forcée? Nous ne pouvons pas savoir s'il n'en est point de plus légitime, puisque jusqu'ici les écoles n'ont jamais été libres. Nous voyons, il est vrai, au degré supérieur de l'enseignement (les universités, les cours publics), que l'instruction tend à devenir de plus en plus libre. Mais c'est là une pure apparence.

Peut-être qu'à ses degrés inférieurs l'instruction doit demeurer à jamais forcée, et l'expérience nous a-t-elle prouvé que ces

écoles sont bonnes ? Mais examinons-les,
en laissant de côté les tableaux statistiques
de l'instruction en Allemagne, et tâchons
de connaître réellement les écoles, et leur
influence sur le peuple.

Or, voici ce que m'a montré la réalité :

Le père envoie son fils ou sa fille à l'école,
contre son désir, en maudissant l'établissement qui le prive du travail de son fils, et
en comptant les jours qui le séparent de
l'époque où son fils sera *Schulfrey*[1] (cette
seule expression fait voir de quel œil le
peuple regarde les écoles).

L'enfant va à l'école avec la conviction
que le seul pouvoir à lui connu, celui du
père, ne trouve pas bon le pouvoir du gouvernement, pouvoir auquel il se soumet en
entrant dans l'école. Ce qu'il entend dire à
ses aînés, qui ont déjà passé par là, n'est
point pour ajouter à son envie d'être éco-

[1] Libéré de l'école.

2.

lier. Les écoles lui apparaissent comme des établissements créés pour le supplice des enfants, — et où on les prive de leur principal plaisir, de leur besoin le plus nécessaire — le libre mouvement ; — où *Gehorsam* (l'obéissance) et *Ruhe* (la tranquillité) sont les premières conditions ; où, même pour sortir une heure, il faut une autorisation spéciale, où chaque délit est puni ou par des coups de règle — bien que les punitions corporelles soient abolies officiellement, — ou par la prolongation de son stage scolaire, le plus cruel supplice d'un enfant.

L'enfant voit, à juste titre, dans l'école un établissement où on lui enseigne ce que personne ne comprend ; où on le force, la plupart du temps, à parler, non point sa langue maternelle, son patois, mais une langue étrangère ; où l'instituteur considère le plus souvent ses élèves comme ses ennemis innés qui, par la méchanceté des parents,

se refusent à apprendre ce qu'il a appris
lui-même ; et où les élèves, de leur côté,
regardent l'instituteur comme un adversaire
qui, par sa méchanceté personnelle, lui,
les force d'apprendre des choses tellement
difficiles.

C'est dans un pareil établissement qu'ils
sont obligés de demeurer six années, et
tous les jours environ six heures. Quels
doivent en être les résultats? Nous pouvons
le voir en considérant de nouveau, non point
les comptes-rendus officiels, mais la réalité
des faits.

En Allemagne, les neuf dixièmes des
écoliers emportent de l'école, avec le mécanisme de la lecture et de l'écriture, un si
grand dégoût des voies de la science ex-
périmentées par eux, que jamais, par la
suite, ils ne prennent un livre dans les
mains.

Qui n'est point de mon avis là-dessus,

qu'il me montre les livres que lit le peuple,
même Hebel de Bade, même les almanachs
et les journaux populaires, — on ne les lit
qu'à de rares exceptions. Une preuve incon-
testable qu'il n'y a point d'instruction dans
le peuple, c'est l'absence de littérature populaire, c'est, surtout, que la dixième génération doit être envoyée par force à l'école
comme la première.

Non seulement une pareille école provoque le dégoût de l'instruction, elle accou-
tume encore, pendant ces six années, à
l'hypocrisie et à la tromperie, fruits des
conditions contre nature imposées aux élèves, et à la confusion de ces notions qu'on
appelle l'écriture et la lecture.

Dans les voyages que je fis en France, en
Allemagne, en Suisse, pour m'initier aux
connaissances des écoliers, à l'opinion qu'ils
avaient de l'école, et à leur développement
moral, je posai, dans les écoles primaires

et à des élèves qui en étaient sortis, je posai
les questions suivantes :

— Quelle est la capitale de la Prusse ? ou
de la Bavière ? Combien de fils avait Jacob ?
Et l'histoire de Joseph ?

Dans l'école, parfois, on me répondait
encore par des passages du livre récités
par cœur ; mais ceux qui avaient fini le
cours, — jamais. Presque jamais de réponse
autrement qu'apprise par cœur.

Pour les mathématiques, point de règle
générale : c'était parfois bien, parfois très mal.

Puis je donnai ce sujet de composition :
qu'avaient fait les écoliers le dimanche précédent ? Et toujours, sans exception, filles
et garçons écrivaient cette seule chose : que,
ce dimanche-là, ils avaient profité de toutes
les circonstances possibles pour prier Dieu,
et qu'ils n'avaient pas joué. C'est là comme
la mesure de l'influence morale de l'école.

Aux adultes des deux sexes je demandai

pourquoi ils ne s'instruisaient plus au sortir
de l'école, pourquoi ils ne lisaient point ceci
ou cela : tous me répondirent qu'ils avaient
reçu le sacrement de la confirmation, qu'ils
avaient fini leur temps d'école et obtenu un
diplôme attestant un certain degré d'instruction, — le diplôme d'écriture et de lecture.

VII

En outre de cette action qui fausse l'esprit,
et pour laquelle les Allemands ont inventé
un mot si juste, « *Verdummen*[1] », action
qui consiste proprement en l'altération des
aptitudes intellectuelles, l'école en exerce
encore une autre plus nuisible : c'est que
l'enfant, pendant les longues heures jour-
nalières de l'enseignement, est déconcerté
par la vie de l'école, et soustrait, pour tout
ce temps précieux du premier âge, soustrait
à ces nécessaires conditions de développement que la nature même a établies pour
lui.

[1] Faire perdre l'esprit.

Il est très commun d'ouïr dire et de lire cette opinion que les conditions de la maison, la grossièreté des parents, les travaux des champs, les jeux du village, etc., sont les principaux obstacles à l'enseignement scolaire. Peut-être empêchent-ils en effet l'enseignement scolaire tel que l'entendent les pédagogues; mais il est grand temps de se convaincre que toutes ces conditions sont les principales bases de toute instruction, que loin d'être des ennemies et des obstacles à l'école, elles en sont les premiers et plus essentiels agents. Sans ces conditions de la maison, l'enfant ne pourrait jamais apprendre ni la différence des lignes qui constituent la différence des lettres, ni les chiffres, ni la faculté d'exprimer ses idées.

Pourquoi donc, il semble, cette grossière vie de la maison, capable d'enseigner à l'enfant des choses si difficiles, deviendrait elle tout à coup, non seulement incapable de lui enseigner des choses aussi faciles que la lecture, l'écriture, etc., mais encore nuisible à cet enseignement ?

Le meilleur argument est la comparaison du fils de paysan, qui n'a jamais étudié, avec le fils de barine, que son gouverneur instruit depuis l'âge de cinq ans. C'est toujours le premier qui l'emporte en esprit et en savoir.

La curiosité d'apprendre, les questions auxquelles l'École a le devoir de répondre, c'est la vie de la maison qui seule les provoque. Et chaque enseignement doit être la réponse aux questions provoquées par la vie. Mais l'École, loin de provoquer des questions, ne répond même pas à celles que provoque la vie. Toujours elle répond à ces mêmes questions, posées, voilà bien des siècles, par le genre humain, et non par l'âge enfantin, questions qui ne touchent pas encore l'enfant ;

3

— Comment le monde a-t-il été créé?
Quel a été le premier homme? Qu'est-ce qui
existait deux mille ans auparavant? Qu'est-
ce que l'Asie? Quelle forme a la terre? Qu'ad-
viendra-t-il après la mort? Comment mul-
tiplier des centaines par des mille? etc.

Quant aux questions que la vie présente
à l'enfant, il ne reçoit pas de réponse, pas
plus que, d'après la police de l'école, il n'a
le droit d'ouvrir la bouche pour demander
à sortir; — il doit le faire par signes, de
peur de troubler la tranquillité et de gêner
l'instituteur.

Mais l'école est ainsi organisée, parce que
le but de l'école gouvernementale, établie
par l'autorité supérieure, tend, dans la
plupart des cas, non à instruire le peuple,
mais à le façonner d'après notre méthode
— et c'est surtout pour cela qu'il y a une
école et beaucoup d'écoles.

Il n'y a pas d'instituteurs? — Qu'on en

fasse ! — Il en manque tout de même ? —
Qu'on s'arrange de manière qu'un instituteur puisse enseigner cinq cents enfants,
qu'on « mécanise[1] » l'instruction, qu'on
recoure à la méthode Lankaster, — pupil-
teachers !

Ainsi entendue, l'école, créée par l'autorité supérieure et fondée sur la contrainte
— ce n'est point le pasteur pour le troupeau,
c'est le troupeau pour le pasteur. Elle n'est
point organisée pour faciliter l'étude aux
enfants, mais pour faciliter l'enseignement
aux maîtres. L'instituteur n'aime pas le
bruit quand on parle, le mouvement, la
gaieté des enfants, tout ce dont ils ont besoin pour s'instruire vraiment ; et dans les
écoles, qu'on bâtit comme des prisons, les
questions sont interdites, et les conver-
sations, et les mouvements.

Au lieu de reconnaître que, pour agir

---

[1] En français dans le texte.

efficacement sur un objet quelconque, il faut d'abord l'étudier (et, en matière d'éducation, cet objet, c'est l'enfant libre), les maîtres prétendent enseigner comme ils peuvent, comme ils veulent, et, en cas d'insuccès, changer, non point leur manière d'enseigner, mais la nature même de l'enfant.

De cette notion ont procédé et procèdent encore à présent (Pestalozzi) des systèmes tendant à mécaniser l'instruction, l'éternelle tendance de la pédagogie à arranger les choses de telle façon que la même méthode puisse servir et pour n'importe quel instituteur, et pour n'importe quel élève.

Il suffit d'observer le même enfant à la maison, dans la rue, ou à l'école, vous verrez tantôt un être content de vivre, désireux d'apprendre, le sourire aux yeux et sur les lèvres, qui cherche en tout l'instruction, qui exprime clairement ses idées dans sa langue, — tantôt un être accablé, comprimé, avec une expression de fatigue, d'épouvante et d'ennui, qui répète du bout des lèvres des mots étrangers dans une langue étrangère, — être dont l'âme, comme un escargot, se retire sous sa coquille. Il suffit d'observer ces deux états pour savoir lequel des deux est le plus propice au développement de l'enfant.

Cet étrange état psychologique, que j'appellerai l'état « scolaire » de l'âme, et que nous tous, malheureusement, nous connaissons trop bien, consiste en ceci, que toutes les facultés supérieures — imagination, génie créateur, dignité — cèdent la place à d'autres facultés semi-animales : prononcer les sons sans égard pour le sens, compter les chiffres à la file, 1, 2, 3, 4, 5... saisir les mots sans permettre à l'imagination de les vivifier par des formes, — en un mot, étouffer en soi toutes les hautes

facultés pour n'y développer que les facultés
compatibles avec l'état scolaire — l'appré-
hension, la tension de la mémoire et l'attention.

Chaque élève tranche fortement dans
l'école, jusqu'à ce qu'il ait roulé dans l'ornière de cet état semi-animal. Dès que l'enfant en est arrivé là, il a perdu toute indépendance ; quand les divers symptômes de
mal se manifestent en lui, — l'hypocrisie,
le mensonge sans but, la stupidité, etc., —
quand il ne tranche plus dans l'école, c'est
qu'il a bien roulé dans l'ornière, et l'instituteur commence alors à se déclarer content
de lui.

Alors aussi apparaissent ces phénomènes,
non point accidentels, mais constants : l'enfant le plus sot devient le meilleur élève,
le plus intelligent devient le pire élève.

Il semble que ce fait soit assez significatif
pour valoir qu'on s'en occupe et qu'on

essaye de l'expliquer. Ce seul fait me paraît
démontrer jusqu'à l'évidence la fausseté du
fondement de l'école forcée.

En outre de ce mal négatif, — l'instinc-
tif dégoût des enfants pour une instruction
qu'ils recherchent à la maison, au travail,
dans la rue, — ces écoles sont nuisibles,
physiquement, pour le corps, si intimement
uni à l'âme dans le premier âge : mal
grave surtout en ce qu'il porte atteinte à
l'uniformité de l'éducation scolaire, si même
elle était bonne.

VIII

Il est impossible au laboureur de modifier
les conditions ambiantes de son travail, de
la vie aux champs, de ses entretiens avec les
adultes, etc. ; il en est de même pour l'artisan et en général pour le citadin. Ce n'est
point par hasard, mais en vue d'un certain
but, que la nature impose des conditions
particulières d'existence au laboureur comme
au citadin. Ces conditions sont très instructives et c'est par elles seulement que l'un ou
l'autre peuvent se former.

Or c'est l'éloignement de ces conditions
que l'école exige avant toute chose pour
transmettre son enseignement. C'est peu

pour elle de détacher, six heures par jour, les enfants de la vie ; elle prétend soustraire les enfants de trois ans à l'influence de leur mère. On a inventé à cet effet des établissements (*kleinkinderbewahranstalt, infants-chools*, salles d'asile) sur lesquels nous aurons à revenir avec quelque détail. Il ne manque plus que d'imaginer une machine à vapeur qui remplace la mère nourrice.

Tous sont d'accord que les écoles ne sont point parfaites (pour moi, je suis persuadé qu'elles sont nuisibles). Tous sont d'accord qu'il y a beaucoup et beaucoup à perfectionner. Tous sont d'accord que ces perfectionnements doivent prendre pour base la plus grande commodité possible pour les élèves. Tous sont d'accord qu'on ne peut déterminer cette commodité qu'en étudiant les besoins de l'âge scolaire et les besoins de chaque caste en particulier.

Mais que fait-on pour cette étude difficile

3.

et complexe? Pendant plusieurs siècles,
chaque école s'est organisée sur le modèle
d'une autre, elle-même calquée sur une
plus ancienne; et dans chacune de ces
écoles on a institué comme première et
infaillible condition la discipline, qui défend
aux enfants de parler, de demander, de
choisir telle ou telle matière de l'enseignement; en un mot on a pris toutes les mesures pour ôter à l'instituteur toute possibilité de constater les besoins des écoliers.
L'organisation de l'École, fondée sur la
contrainte, exclue tout progrès.

Cependant, quand on songe combien de
siècles se sont passés, qui répondaient toujours aux enfants sur des questions que
ceux-ci n'avaient point posées, quand on
songe combien les générations actuelles
répugnent à cette forme surannée de l'instruction qu'on leur impose, il est incompréhensible que l'école existe encore.

L'École, nous semble-t-il, devrait être un
instrument d'instruction et, avec cela, un
essai pratiqué sur la jeune génération, essai
qui donnerait toujours des résultats nouveaux. C'est seulement quand l'expérience
sera la base de l'École, seulement quand
chaque école sera, pour ainsi dire, un labo-
ratoire pédagogique, qu'elle ne restera
pas en arrière du progrès général, et que
l'observation pourra édifier sur des fondements solides la science de l'éducation.

IX

Mais peut-être l'histoire répondra-t-elle à notre question : sur quoi est fondé le droit d'imposer l'instruction aux parents et aux élèves ?

Les écoles existantes, dira-t-elle, se sont élaborées par l'évolution historique, et par l'évolution historique elles doivent de même progresser et se modifier conformément aux besoins de la société et du temps. Plus nous allons, plus les écoles se perfectionnent.

A cela je répondrai, premièrement, que les arguments purement historiques sont aussi exclusifs et faux que les arguments purement philosophiques. La conscience du

genre humain constitue l'élément principal
de l'histoire ; et si le genre humain reconnaît l'illégitimité de ces écoles, ce phénomène de la conscience constituera le principal phénomène historique sur lequel doive
reposer l'organisation de l'école.

Deuxièmement, plus nous allons, plus les
écoles deviennent, non meilleures, mais
pires, — pires en comparaison de ce niveau
d'instruction que la société a atteinte. L'é-
cole est l'une des parties organiques de
l'Etat, qui ne saurait être considérée et
jugée à part, car sa dignité ne réside que
dans son plus ou moins de conformité avec
les autres parties de l'Etat. L'école n'est
bonne que lorsqu'elle reconnaît les lois fondamentales qui régissent la vie du peuple.

L'excellente école d'un village russe de la
steppe, qui répond à tous les besoins de ses
élèves, sera une fort mauvaise école pour le
Parisien, et la meilleure école du xvii° siècle

sera pour notre temps une détestable école ;
et, inversement, l'école du moyen âge la
plus mauvaise en son temps, serait préfé-
rable à la meilleure école de notre temps,
parce qu'elle répondait à son temps et se
trouvait au niveau de l'instruction générale,
sinon en avant, — tandis que notre école
est en arrière de l'instruction générale.

Si le devoir de l'École, en admettant la
définition la plus commune, consiste en la
transmission de tout ce qui a été élaboré et
reconnu par le peuple en réponse aux questions que la vie pose à l'homme, — il n'est
pas douteux que, dans l'école du moyen âge,
et les traditions étaient plus circonscrites,
et les questions posées par la vie plus aisément résolubles, et le devoir de l'école mieux
rempli.

Transmettre les traditions de la Grèce et
de Rome d'après des sources insuffisantes
et non contrôlées, les dogmes religieux, la

grammaire et ce que l'on savait alors des mathématiques, c'était bien plus facile qu'il ne l'est aujourd'hui de transmettre toutes ces traditions qui se sont formées depuis lors et qui rejettent dans un recul si lointain les traditions des anciens peuples, et toutes ces connaissances des sciences naturelles, qui sont nécessaires dans notre temps, et les explications des phénomènes journaliers de la vie.

Mais la méthode de transmission est demeurée la même, et c'est pourquoi l'École devait rester en arrière et devenir, non point meilleure, mais pire. Pour maintenir l'École dans le même état, il eût fallu se montrer plus conséquent : non seulement faire des lois pour rendre les *écoles* obligatoires, mais aussi défendre à l'instruction de se mouvoir en avant par d'autres voies ; — défendre les machines, les voies de communications et l'imprimerie.

Autant qu'on sache par l'histoire, les seuls Chinois ont été sur ce point d'une logique rigoureuse. Les tentatives des autres peuples, les mesures restrictives contre la presse et en général contre le mouvement d'instruction, n'ont été que temporaires et insuffisamment conséquentes. C'est pourquoi les seuls Chinois peuvent aujourd'hui montrer avec orgueil une école parfaite, et qui corresponde au niveau général de l'instruction.

Si l'on nous dit que les écoles se perfectionnent par l'évolution historique, nous répondrons seulement que ce perfectionnement doit être entendu d'une façon toute relative, et qu'en ce qui concerne l'école, au contraire, la contrainte va chaque jour, chaque heure s'accentuant davantage, c'est-à-dire que les écoles s'écartent de plus en plus du niveau général de l'instruction, car leur mouvement en avant n'est point pro-

portionnel au progrès de l'instruction depuis
la découverte de l'imprimerie.

Troisièmement, à cet argument historique, que les écoles existent, et par cela
même sont bonnes, je répondrai, moi aussi,
par un argument historique.

X

Il y a un an, me trouvant à Marseille, je visitai tous les établissements d'instruction populaire de cette ville. Le nombre de ceux qui s'instruisent est si grand par rapport à la population, qu'à part d'insignifiantes exceptions, tous les enfants vont à l'école pendant trois, quatre et six ans.

Les programmes des écoles comprennent l'étude par cœur du catéchisme, de l'histoire sainte et générale, des quatre règles d'arithmétique, de l'orthographe française et de la tenue des livres.

Comment la tenue des livres peut-elle constituer un objet d'enseignement, c'est ce que je n'ai pu comprendre, ce qu'aucun instituteur n'a pu m'expliquer. La seule raison que j'ai trouvée, en examinant comment tenaient leurs livres les élèves qui avaient fini ce cours, — c'est qu'ils ne savent même point les trois premières règles d'arithmétique, mais qu'ils ont appris par cœur à faire les opérations, et que, pour le même motif, ils doivent pareillement apprendre par cœur la tenue des livres.

(Il semble superflu de démontrer que la tenue des livres[1], *Buch-haltung*, qu'on enseigne aussi en Allemagne et en Angleterre, est une science qui demande tout au plus quatre heures d'explication pour tout élève familier avec les quatre règles d'arithmétique.)

Pas un élève, dans ces écoles, n'a pu résoudre le plus simple problème sur l'addition et la soustraction. Avec cela, ils

[1] En français dans le texte.

jonglaient avec les nombres abstraits, multipliaient les mille avec dextérité et promptitude.

A mes questions sur l'histoire de France, ils répondirent assez bien, de mémoire, sauf que l'un d'eux m'apprit que Henri IV avait été tué par Jules César.

Même chose en géographie et en histoire sainte. Même chose en orthographe et en lecture. Le sexe féminin, plus de la moitié, ne peut lire autrement que dans des livres déjà appris par cœur. Six ans d'école n'assurent point la possibilité d'écrire les mots sans faute.

Je sais que les faits cités par moi sont tellement improbables que plusieurs en douteront; mais je pourrais écrire des volumes entiers sur l'ignorance que j'ai rencontrée dans les écoles de France, de Suisse et d'Allemagne.

Du reste, quiconque a cette affaire à cœur,

qu'il essaye d'étudier les écoles, comme
moi, non point d'après les comptes-rendus
des examens publics, mais d'après des
visites continues, des entretiens personnels
avec les maîtres et les élèves, à l'école et
hors de l'école.

J'ai encore vu à Marseille une école laïque
et une école congréganiste d'adultes. Sur
deux cent cinquante mille habitants, moins
de mille, à peine deux cents fréquentent
ces écoles. L'enseignement est le même : la
lecture mécanique, qu'on étudie un an et
plus, la comptabilité sans savoir l'arithmétique, des instructions spirituelles, etc.

J'ai vu, après les écoles d'adultes, les
leçons quotidiennes dans des églises ; j'ai vu
les salles d'asile, où des enfants de quatre
ans évoluent au sifflet, comme des soldats,
autour des bancs, relèvent et plient les bras
au commandement, et d'une voix trem-
blante et étrange chantent des cantiques à

Dieu et des hymnes de remerciement à leurs bienfaiteurs ; et je me suis convaincu que les établissements scolaires de Marseille sont extrêmement mauvais.

Si quelqu'un, par un prodige, voyait tous ces établissements sans voir le peuple dans les rues, dans les ateliers, dans les cafés, dans la vie de famille, quelle opinion prendrait-il d'un peuple élevé de cette façon? Il croirait sans doute que c'est un peuple ignorant, grossier, hypocrite, plein de préjugés et presque sauvage.

Mais il suffit d'entrer en relations, de causer avec quelqu'un des hommes du commun, pour se convaincre que, tout au contraire, le peuple français est presque ce qu'il s'imagine être lui-même : intelligent, beaucoup d'esprit, sociable, libéral et en effet civilisé.

Regardez l'ouvrier des villes, à trente ans : il écrira une lettre sans faire autant de fautes

qu'à l'école; il a des notions parfois tout à
fait justes sur la politique, et, par suite, sur
l'histoire contemporaine, et sur la géographie; il connaît un peu l'histoire par les
romans; il a quelque clarté des sciences
naturelles. Assez souvent il sait dessiner et
applique les formules mathématiques à son
métier. Où donc a-t-il pris tout cela?

La réponse à cette question, je l'ai trouvée sans la chercher, à Marseille, en me
promenant, au sortir des écoles, dans les
rues, cafés chantants, musées, ateliers,
ports et librairies. Ce même garçon qui
m'avait répondu que Henri IV avait été tué
par Jules César, savait très bien les aven-
tures des *Quatre Mousquetaires* et de *Monte-
Christo*. J'ai trouvé à Marseille vingt-huit
éditions à bon marché, du prix de cinq à
dix centimes, illustrées, soit trente mille
exemplaires pour une population de deux
cent cinquante mille habitants : donc, à

supposer que dix personnes lisent ou en
tendent lire un seul exemplaire, tous les
lisent.

Il y a, en outre, les musées, les bibliothèques publiques, les théâtres, les cafés,
deux grands cafés chantants où, pour une
consommation de cinquante centimes, entre
qui veut, et où passent tous les jours
jusqu'à vingt-cinq mille personnes, sans
compter les petits cafés qui en renferment
autant. Dans chacun de ces cafés des comé-
dies se donnent, des scènes, des vers se
déclament.

Voilà donc, d'après mon calcul approxi-
matif, un cinquième de la population qui
s'instruit de vive voix, au jour le jour,
comme s'instruisaient les Grecs et les Ro-
mains dans leurs amphithéâtres.

Si cette instruction est bonne ou mauvaise ?... C'est une autre affaire ; mais voilà
l'instruction spontanée, combien plus féconde

que l'instruction forcée ! voilà l'école spontanée, qui a miné l'école forcée, et en a
réduit le contenu presque à rien. Il n'en est
resté que la forme despotique, presque sans
contenu. Je dis presque, en exceptant le seul
art mécanique d'épeler les lettres et de former les mots, la seule connaissance acquise
par une étude de cinq ou six ans.

Il est à remarquer, d'ailleurs, que même
cet art mécanique de la lecture et de l'écriture s'acquiert souvent hors de l'école, dans
un délai beaucoup plus court, qu'assez souvent on n'emporte pas le moindre savoir de
l'école, ou qu'on l'oublie faute d'en trouver
l'application dans la vie, et que là où existe
l'obligation légale de fréquenter l'école, pour
y apprendre à lire, à écrire, à compter,
cette obligation était superflue, car le père
et la mère, semblait-il, étaient en état d'enseigner tout cela à la maison, et beaucoup
plus aisément qu'à l'école.

Ce que j'ai vu à Marseille se retrouve dans les autres pays : partout la principale partie de l'instruction est acquise, non par l'école, mais par la vie. Là où la vie est instructive, comme à Londres, à Paris et dans les grandes villes, le peuple en général est instruit ; là où la vie n'est pas instructive, comme dans les villages, le peuple n'est pas instruit, quoique les écoles, ici et là, soient identiques. Le savoir acquis dans les villes demeure ; le savoir acquis dans les villages se perd. La tendance et l'esprit d'instruction du peuple, tant dans les villes que dans les villages, sont absolument indépendants, quand ils n'y sont pas contraires, de cet esprit qu'on prétend imposer aux écoles populaires. L'instruction marche dans sa voie, indépendante des écoles.

XI

Voici l'argument historique que j'oppose à un argument historique. En examinant l'histoire de l'instruction, nous nous convaincrons non seulement que les écoles se développent en raison du développement des peuples, mais aussi qu'elles tombent et finissent par devenir une vaine formalité à mesure que les peuples vont se développant encore davantage : plus un peuple s'avance dans la voie de l'instruction générale, plus l'instruction se retire de l'école dans la vie, jusqu'à réduire à rien le contenu de l'école.

Sans parler de tous les autres moyens de l'instruction, le développement des relations

commerciales, des voies de communication,
une plus grande somme de liberté attribuée
à l'individu et sa participation dans les
affaires du gouvernement, sans parler des
reunions, des musées, des cours publics, etc.,
il suffit de considérer l'imprimerie seule, et
son développement, pour comprendre la
différence qui sépare l'école précédente de
l'école actuelle.

L'instruction spontanée de la vie, et l'instruction réfléchie de l'école ont toujours marché et marchent côte à côte, en se complé-
tant l'une l'autre : mais quand l'imprimerie
n'existait point, quelle somme insignifiante
d'instruction pouvait donner la vie en comparaison de l'école ! La science appartenait
à quelques élus, qui concentraient l'instruction entre leurs mains.

Et voyez quelle est maintenant la part de
l'instruction de la vie, quand il n'y a pas un
homme qui n'ait un livre ; quand les livres

se vendent à des prix insignifiants ; quand
les bibliothèques publiques sont ouvertes à
tout le monde ; quand l'enfant, en allant à
l'école, porte avec ses cahiers, caché dans
son cartable, un roman illustré à bon marché ; quand on vend chez nous deux alphabets pour trois kopecks ; quand le moujik
de la steppe, toujours et partout, achète un
alphabet, et prie les soldats qui passent de lui
montrer et enseigner cette science qu'il a
étudiée jadis pendant des années, chez le
sacristain ; quand le collégien quitte le gymnase et d'après les seuls manuels se prépare
lui-même et passe l'examen pour entrer à
l'université ; quand les jeunes gens quittent
l'université et, au lieu de se préparer d'après
les leçons des professeurs, travaillent directement sur les ressources des bibliothèques ;
quand, à parler franchement, toute instruction sérieuse s'acquiert seulement par la
vie, mais non par l'école.

4.

XII

Un dernier argument, le plus important
à mon avis : les Allemands peuvent bien à
bon droit, défendre historiquement leur
école, en s'appuyant sur son existence deux
fois séculaire ; mais nous sur quoi nous ap-
puyer pour défendre une école populaire
que nous ne possédons pas encore ? Quel
droit historique avons-nous d'affirmer que
nos écoles doivent être semblables aux
écoles européennes ?

Notre instruction publique n'a pas encore
d'histoire. En approfondissant l'histoire générale de l'instruction publique, nous nous
convaincrons non seulement qu'il nous est

impossible d'organiser à l'allemande des séminaires[1] d'instituteurs, de nous assimiler la méthode des sons, les *infantschools* anglais, les lycées français et les écoles professionnelles, mais encore que nous autres Russes nous vivons dans des conditions particulièrement heureuses au point de vue de l'instruction publique; que notre école ne doit point, comme dans l'Europe du moyen âge, se soustraire aux conditions de la vie sociale; qu'elle ne doit point servir à de certains buts gouvernementaux ou religieux; qu'elle ne doit point s'élaborer en dehors du contrôle de l'opinion publique, en dehors de l'instruction de la vie à son degré supérieur; qu'elle ne doit pas, au prix de nouveaux travaux et de douloureux efforts, s'engager dans ce cercle vicieux qui a si longtemps arrêté les écoles européennes,

[1] Institution allemande, correspondant à nos écoles normales.

cercle vicieux qui faisait dépendre l'instruction spontanée — de l'école, et l'école — de
l'instruction spontanée.

Les peuples de l'Europe ont vaincu cette
difficulté, mais ils ne pouvaient que perdre
beaucoup dans la lutte. Nous serons donc
reconnaissants d'un labeur dont nous sommes
appelés à profiter, et nous n'oublierons point
que nous devons faire un nouveau travail
sur cette lice. Forts de l'expérience du
genre humain, et notre œuvre à nous n'étant
pas encore commencée, nous pouvons appor-
ter une plus grande conscience à notre tâche,
et, à cet effet, voici ce qu'il nous faut faire:

Pour emprunter les procédés des écoles
d'Europe, nous sommes obligés de distin-
guer ce qui, en eux, est fondé sur les lois
immuables de la raison et ce qui est le seul
résultat des conditions historiques. De commune loi rationnelle, de critérium qui jus-
tifie la contrainte dont les écoles usent

contre le peuple, il n'en existe pas: donc
toute imitation des écoles d'Europe, en ce
qui concerne cette contrainte, loin d'être,
pour notre peuple, un pas en avant, sera
un pas en arrière, et la trahison de notre
mission.

On comprend sans peine comment, en
France, l'école disciplinée s'est formée par la
prédominance des sciences exactes, — mathématiques, géométrie et dessin; comment, en Allemagne, l'école de sérieuse
éducation s'est formée par la prédominance
du chant et de l'analyse; on comprend sans
peine comment, en Angleterre, a surgi cette
quantité innombrable de sociétés fondant,
pour le prolétariat, des écoles philanthropiques à tendances tout ensemble et puri-
taines et pratiques.

Mais quelle espèce d'école doit se former
en Russie, c'est ce que nous ignorons et ce
que nous ignorerons toujours, si nous ne la

laissons point s'élaborer d'elle-même librement et en son temps, c'est-à-dire en raison de l'époque historique dans laquelle elle
doit se développer conformément à son histoire et encore plus à l'histoire générale. Si
nous venons à nous convaincre que l'instruction publique en Europe marche dans une
voie fausse, alors, même sans avoir rien
fait pour notre instruction publique, nous
aurons fait davantage que si nous lui incor-
porions de force tout ce qui semble bon à
chacun de nous.

XIII

Donc, le peuple ignorant veut s'instruire, la classe éclairée veut instruire le peuple; mais le peuple ne se soumet à l'instruction que contraint et forcé. En cherchant dans la philosophie, l'expérience et l'histoire les raisons qui donneraient à la classe qui dispense l'instruction le droit de l'imposer, nous n'avons rien trouvé, et nous nous sommes convaincu, au contraire, que les aspirations de l'humanité tendent toujours à laisser au peuple, en matière d'instruction, toute sa liberté.

En cherchant le critérium de la pédagogie, c'est-à-dire la connaissance de ce qu'il

faut enseigner, et comment, nous n'avons
rien trouvé, excepté des opinions et des
institutions contradictoires, et nous sommes
certain, au contraire, que plus loin s'a-
vance le genre humain, plus ce critérium
devient impossible.

En cherchant ce critérium dans l'histoire
de l'instruction, nous nous sommes convaincu, non seulement que pour nous
autres Russes les écoles élaborées historiquement ne sauraient être des modèles,
mais que chacun de leurs pas en avant les
recule de plus en plus du niveau commun
de l'instruction ; que, par suite, leur caractère
obligatoire et violent devient de plus en plus
illégitime ; et qu'enfin, en Europe, l'instruction, comme une eau débordée, s'est choisi
une autre voie, a laissé derrière elle les
écoles et s'est répandue dans les réservoirs
de la vie.

Mais nous autres Russes, que devons-nous

faire à présent? Choisir et prendre pour
base la théorie anglaise, ou française, ou
allemande, ou américaine sur l'instruction
avec l'une de leurs méthodes? Ou, nous
plongeant dans la philosophie et la psycho-
logie, en déduire qu'il faut, pour développer l'âme humaine et façonner les jeunes générations, qu'il faut des êtres meilleurs,
d'après nos notions? Ou profiter des expériences de l'histoire, non en vue d'imiter les
formes que l'histoire a élaborées, mais en
vue de comprendre les lois que le genre
humain a élaborées dans la souffrance; se
dire honnêtement, franchement, que nous
ne savons pas, que nous ne pouvons pas
savoir ce qu'il faut aux générations futures,
mais que nous nous sentons le devoir et la
volonté d'en étudier les besoins; que, loin
de vouloir accuser d'ignorance le peuple qui
ne goûte point notre instruction, c'est nous
que nous taxerons d'ignorance et de morgue

si nous prétendons instruire le peuple à
notre guise.

Cessons donc de considérer la résistance
du peuple à notre instruction comme l'élément ennemi de la pédagogie ; voyons en
elle, au contraire, l'expression des vœux
populaires, qui seuls doivent guider notre
action. Reconnaissons enfin cette loi qui nous
dit si clairement, et par l'histoire de la
pédagogie, et par l'histoire entière de l'instruction, que, pour permettre à celui qui
instruit de savoir ce qui est bon et ce qui
est mauvais, celui qui s'instruit doit avoir
l'entière puissance d'exprimer son mécontentement, ou tout au moins de se détourner
d'une instruction qui, il le sent d'instinct,
ne le satisfait pas ; et qu'il y a un seul critérium de la pédagogie : — la liberté.

XIV

C'est cette dernière voie que nous avons choisie dans notre action pédagogique.

Cette action a pour base la conviction que non seulement nous ne savons pas, mais nous ne pouvons pas savoir en quoi doit consister l'instruction populaire ; que non seulement il n'existe aucune science de l'instruction et de l'éducation — de la pédagogie, — mais la première assise n'en est pas encore posée ; que la détermination de la pédagogie et de son but philosophique est impossible, inutile et nuisible.

Nous ne savons point ce que doivent être l'instruction et l'éducation, nous ne recon-

naissons point toute la philosophie de la pédagogie, parce que nous ne reconnaissons
point la possibilité pour l'homme de savoir
ce qu'il faut à l'homme. L'instruction et
l'éducation nous apparaissent comme des
phénomènes historiques d'action exercée
par les uns sur les autres ; donc, à notre
avis, la science de l'instruction a pour objet
unique de dégager les lois de cette action
des uns sur les autres.

Loin de reconnaître à notre génération
le pouvoir et le droit de savoir ce qu'il faut
pour le perfectionnement de l'homme, nous
sommes convaincu que si le genre humain
possédait en effet cette science, il ne pourrait ni la transmettre, ni ne pas la transmettre à la jeune génération. Nous sommes
convaincu que la science du bien et du mal,
indépendante de la puissance de l'homme,
se retrouve dans le genre humain tout entier
et se développe spontanément au cours de

l'évolution historique; il est aussi impossible d'inculquer par l'instruction notre conscience à la jeune génération, que de lui ôter cette conscience, et ce degré supérieur de la conscience où la conduira l'étape suivante de l'évolution historique.

Notre connaissance imaginaire des lois du bien et du mal, l'action qu'en vertu de ces lois nous prétendons exercer sur la jeune génération, n'est, la plupart du temps, que la résistance au développement d'une conscience nouvelle, que notre génération n'a point élaborée, mais qui s'élabore dans la jeune génération ; c'est, pour l'instruction, un obstacle, non un auxiliaire.

Dans notre conviction, l'instruction est une évolution, et comme telle, elle n'a point de but final. L'instruction, dans le sens le plus commun, qui comprend aussi l'éducation, est cette action de l'homme qui a pour bases le besoin de l'égalité, et la loi invariable du mouvement en avant de l'instruction.

La mère n'apprend à parler à son enfant qu'à la fin de se comprendre l'un l'autre. Instinctivement, elle essaye de descendre jusqu'à sa façon d'envisager les choses, jusqu'à son babil, mais la loi du mouvement en avant de l'instruction ne lui permet pas de descendre jusqu'à lui, et le force, lui, à s'élever jusqu'à elle.

Le même rapport existe entre l'écrivain et le lecteur, entre l'école et l'élève, entre le gouvernement et la société, d'une part, et le peuple de l'autre. L'action de celui qui instruit tend au même but. La science de l'instruction a seulement pour objet l'étude des conditions qui permettent l'accord de ces deux tendances vers le but commun, et de celles qui empêchent cet accord.

La science de l'instruction deviendra dès lors pour nous, d'une part, la plus facile

débarrassée qu'elle sera de toutes ces
questions : quel est le but final de l'instruction ? à quoi devons-nous préparer la
jeune génération ? etc., et, d'autre part,
immensément difficile, car il nous faudra
étudier toutes ces conditions qui ont coopéré
à l'accord des tendances de celui qui instruit et de celui qui s'instruit ; il nous faudra déterminer quelle est cette liberté dont
l'absence empêche l'accord de ces deux
tendances, et qui seule est pour nous le
critérium de la science et de l'instruction ;
il nous faudra, pas à pas, de la masse innombrable des faits, arriver jusqu'à la solution
des problèmes de la science de l'instruction.

XV

Nous savons que nos arguments ne convaincront pas tout le monde. Nous savons que nos convictions fondamentales — que la seule méthode d'instruction, c'est l'expérience, et son critérium unique, la liberté — sonneront aux uns comme une banalité rebattue, aux autres comme une abstraction obscure, à d'autres encore comme une utopie irréalisable. Nous n'aurions pas osé troubler la tranquillité des pédagogistes théoriciens, ni exposer des convictions si contraires au sentiment universel, si nous avions dû nous borner aux raisonnements de cette étude : mais nous

sentons la possibilité de démontrer, pas à
pas et fait par fait, l'application et la légitimité de nos convictions, pour étranges
qu'elles semblent; — et c'est à ce but unique que nous consacrons notre journal de
Yasnaïa Poliana[1].

1862.

[1] Les études que le comte Léon Tolstoï, passant de la
théorie à la pratique, a publiées dans son journal, ont été
réunies et traduites sous le titre : *L'École de Yasnaïa
Poliana*. — (Savine, éditeur.)

5

II

L'ÉDUCATION ET L'INSTRUCTION

Le mot russe « *obrazovanié* » qu'à défaut d'un terme strictement équivalent nous avons dû, dans le courant de cet essai de Tolstoï, traduire par notre mot « *instruction* », comporte en réalité un sens bien plus étendu : il s'applique à la fois aux lettres, arts et sciences, et au développement physique.

I

Il existe bien des mots qui n'ont point un
sens rigoureusement défini, qui se pénètrent
les uns les autres, mais qui néanmoins
sont nécessaires pour la transmission des
idées : tels sont les mots *éducation*, *instruction*, et même *enseignement*.

Les pédagogistes ne distinguent pas toujours entre l'éducation et l'instruction, mais
ils ne peuvent exprimer leurs idées autrement qu'en employant les mots *instruction*,
éducation, *enseignement*. A ces mots doivent
nécessairement correspondre des notions
distinctes. Sans doute, ce n'est point sans
raisons que nous nous refusons instinctive-

ment à employer ces notions dans leur sens précis et véritable ; mais ces notions existent et ont le droit d'exister séparément.

En Allemagne, les notions de l'éducation (*Erziehung*) et de l'enseignement (*Unterricht*) sont clairement délimitées. On y proclame que l'éducation contient en soi l'enseignement, que l'enseignement est l'un des principaux moyens d'éducation, que chaque enseignement constitue un élément de l'éducation, — *erziehliges Element*. Mais la notion de l'instruction (*Bildung*) se confond soit avec l'éducation, soit avec l'enseignement. La définition allemande la plus communément adoptée est celle-ci :

— L'éducation a pour but d'améliorer les hommes conformément à l'idéal que se fait une certaine époque de la perfection humaine.

L'enseignement n'est point le seul moyen d'atteindre le développement moral, il en

existe d'autres, parmi lesquels l'application,
à celui qu'on élève, de certaines conditions
favorables au but que l'éducation se propose,
— la discipline et la contrainte, *zucht*.

— L'esprit humain, disent les Allemands,
a besoin, comme le corps, d'être exercé
par la gymnastique.

L'instruction (*Bildung*) en Allemagne,
dans la société et même parfois dans la littérature pédagogique, ou, comme il a été dit,
se confond avec l'enseignement et l'éducation, ou se considère comme un phénomène social qui ne ressortit point à la
pédagogie.

Dans la langue française, je ne sache
même pas de mot qui corresponde à la notion vraie de l'instruction : « éducation,
instruction, civilisation¹ » représentent des
notions toutes différentes.

Ces trois mots sont en français dans le texte.

Il est de même encore pour la langue anglaise; elle n'a point de mot qui corresponde à cette notion : l'instruction.

Il arrive aux pédagogistes allemands de
méconnaître, dans la pratique, les caractères
distinctifs de l'éducation et de l'instruction;
ils confondent l'une et l'autre en un tout
inséparable. Causant un jour avec le célèbre
Disterveg, je le mis sur l'instruction, l'éducation et l'enseignement. Il eut des mots
d'ironie acérés sur les gens qui les distinguent; lui les confond dans ses idées. Nous
parlâmes d'*éducation*, d'*instruction*, d'*enseignement* et nous nous comprîmes clairement
l'un et l'autre. Il dit que l'*instruction* contient en soi les éléments de l'*éducation*, dont
chaque enseignement constitue un élément
distinct. Que signifient donc ces mots,
comment les entend-on et comment doit-on
les entendre?

Je ne veux ni rapporter les discussions et

les entretiens que j'ai eus sur ce sujet avec
des pédagogistes allemands, ni extraire des
livres les opinions contradictoires qui se par-
tagent là-dessus la littérature ; ce serait trop
long, et chacun, après avoir lu mes études
pédagogiques, pourra contrôler l'exactitude
de mes paroles ; mais j'essaierai ici d'expliquer l'origine de ces notions, leurs diffé-
rences et les causes de leur confusion.

II

Dans les idées des pédagogistes, l'éducation contient en soi l'enseignement.

Cette science, la pédagogie, ne s'occupe que de l'éducation, elle considère l'être qui s'instruit comme asservi à l'instituteur. Ce n'est que par le canal de l'instituteur que cet être reçoit des impressions d'instruction et d'éducation, en tant que ces impressions émanent des livres, des récits, des exercices intellectuels et corporels. L'univers n'est admis à agir sur l'élève qu'autant que l'instituteur le trouve commode. L'instituteur tâche d'entourer son élève d'un mur impénétrable aux influences du

monde ; il ne laisse passer dans l'enton-
noir que ce qu'il juge utile.

Je ne parle point là de ce que faisaient
ou font les maîtres arriérés, je ne bataille
pas contre des moulins ; je parle de la façon
dont les meilleurs instituteurs, les plus
avancés dans la voie du progrès, entendent
et appliquent l'éducation. Partout les influences de la vie sont écartées par l'instituteur, partout se dresse, tout autour de
l'école, comme une muraille de la Chine, la
sagesse des livres, à travers laquelle l'action instructive de la vie ne peut pénétrer
qu'autant que les instituteurs le trouvent
bon. Cette action, on ne la reconnaît pas.
Ainsi pense la pédagogie théorique, parce
qu'elle s'arroge le droit de savoir ce qu'il
faut pour améliorer l'individu, et trouve
possible d'écarter de l'élève toute influence
extérieure ; ainsi agit-on dans la pratique de
l'éducation.

Une pareille théorie mène tout naturellement à confondre l'éducation et l'instruction, car on avoue que, sans l'éducation, l'instruction n'existerait pas. Mais, dans ces derniers temps, lorsqu'on a commencé à reconnaître avec inquiétude que la liberté de l'instruction s'imposait, les meilleurs pédagogistes en sont venus à cette conviction que le seul moyen d'éducation était l'enseignement, mais seulement l'enseignement forcé, obligatoire, et alors ils se sont mis à confondre les trois notions, — éducation, instruction, enseignement.

Dans les idées du pédagogue théoricien, l'éducation est l'action d'un esprit sur un autre, et elle contient en soi trois éléments :

1° La morale ou l'influence violente de l'instituteur, le genre de vie, les punitions ;

2° L'enseignement et les procédés d'enseignement (unterricht) ;

Et 3° la réglementation des influences de la vie sur l'élève.

La confusion de ces notions, à notre sens, provient de ce que la pédagogie prend pour son objet l'éducation et non point l'instruction, et qu'elle refuse à l'instituteur la faculté de prévoir, de proportionner, de déterminer toutes les influences de la vie. Tout pédagogiste avoue bien que la vie, elle aussi, a une action et avant l'école et après l'école, et ce, malgré toutes les peines qu'on prend pour l'écarter pendant l'école. Cette action est tellement considérable qu'elle anéantit, pour la plupart, toute l'influence exercée par l'éducation de l'école.

Mais le pédagogiste ne voit là qu'un insuffisant développement de la science et de l'art pédagogiques, et il continue nonobstant à se fixer pour tâche l'éducation des individus suivant un certain système, et non point l'instruction, c'est-à-dire l'étude

des voies et moyens par lesquels on façonne
les individus, ni la coopération à cette libre
instruction. J'accorde que l'Unterricht, l'é-
tude, l'enseignement, est une partie de
l'Erziehung, de l'éducation, mais l'instruction les contient en soi l'une et l'autre.

III

L'éducation n'est point l'objet de la pédagogie. Elle est l'un des phénomènes sur
lesquels la pédagogie ne peut pas ne pas
attirer l'attention ; mais l'objet de la pédagogie ne doit et ne peut être que l'instruction. L'instruction, dans le sens le plus
vaste, à notre sens, comprend la réunion
de toutes ces influences qui développent
l'homme, qui lui ouvrent les plus larges
horizons, qui lui découvrent les sciences
nouvelles. Les jeux des enfants, les souf-
frances, les punitions des parents, les livres,
les travaux, l'étude forcée et libre, les arts,
les sciences, la vie — tout instruit.

On peut voir dans l'instruction en général soit le résultat de toutes ces influences que la vie produit sur l'homme (dans ce sens, pour juger l'instruction d'un homme, nous disons : C'est un homme instruit,) soit ces influences elles-même sur l'homme dans ses diverses conditions (dans ce sens, pour juger de l'instruction d'un Allemand, d'un mougik russe, d'un barine, nous disons : Cet homme a reçu une mauvaise, une bonne instruction, etc). C'est sous cette dernière face que nous avons à l'envisager.

L'éducation est l'action d'un esprit sur un autre dans le but de forcer l'élève à s'assimiler certaines habitudes morales. (Nous disons : On l'a élevé comme un hypocrite, comme un coquin, comme un brave homme. Les Spartiates élevaient des vaillants, les Français élèvent des gens d'esprit étroit et satisfaits d'eux-mêmes.)

L'enseignement est la transmission du savoir d'un homme à un autre. (On peut enseigner le jeu d'échecs, l'histoire, le métier de bottier.) L'étude, une nuance de l'enseignement, est l'action d'un homme sur un autre dans le but de forcer l'élève à s'assimiler certaines habitudes physiques. (Étudier le chant, la danse, la charpenterie, apprendre à ramer, à réciter par cœur.)

Libres, l'enseignement et l'étude sont des moyens d'instruction; ce sont des moyens d'éducation, lorsque l'enseignement est forcé et l'étude exclusive, c'est-à-dire lorsqu'on étudie seulement les matières que l'instituteur juge nécessaires. La vérité se dévoile clairement et instinctivement à chacun : nous avons beau chercher à confondre des choses distinctes, à subdiviser l'indivisible, à dissimuler l'idée sous les apparences, la vérité est évidente.

L'éducation est l'action forcée, violente,

6

d'un esprit sur un autre, dans le but de le façonner sur un modèle qui nous semble bon ; l'instruction, elle, est l'expression de libres rapports entre gens qui sentent le besoin, l'un d'acquérir le savoir, l'autre de transmettre ce qu'il a appris. L'enseignement — *Unterricht* — est un moyen tant d'instruction que d'éducation. La seule différence qui distingue l'éducation de l'instruction est la violence dont l'éducation revendique le droit. L'éducation, c'est l'instruction forcée. L'instruction est libre.

L'éducation française, l'anglaise, l'allemande (*Erziehung*) sont des notions communes à toute l'Europe, tandis que l'instruction est une notion particulière à la Russie et, en partie, à l'Allemagne, où se trouve un mot presque équivalent : *Bildung*. Mais en France et en Angleterre la notion et le mot n'existent pas du tout. L'instruction est une notion européenne, intraduite en russe, qui

exprime le trésor des connaissances acquises
ou leur transmission ; mais elle n'exprime
point à la fois et les sciences, et les arts, et
le développement physique.

IV

J'ai parlé plus haut du droit de contrainte en ce qui concerne l'instruction, en essayant de démontrer [1] :

1º Que la contrainte est impossible ;

2º Qu'elle ne donne aucuns résultats, ou des résultats fâcheux ;

3º Que cette contrainte ne peut avoir d'autre fondement que l'arbitraire (le Tcherkesse est dressé à voler, le Turc à tuer les infidèles).

L'éducation n'existe point en tant qu'objet d'enseignement. L'éducation est une ten-

---

[1] C'est dans son étude sur *L'Instruction publique*, la première du présent volume, que Tolstoï a tenté cette démonstration.

dance au despotisme moral, tendance érigée
en principe. L'éducation est, je ne dirai
point l'expression des penchants mauvais
de la nature humaine, mais un phénomène
qui prouve le peu de développement de la
nature humaine et qui, par suite, ne peut
servir de base à l'activité raisonnable de
l'homme, à la science.

L'éducation, c'est la tendance d'un individu à rendre un autre individu tel qu'il est
lui-même. (La tendance du pauvre à s'appro-
prier la fortune du riche, la jalousie d'un
vieillard en voyant la jeunesse fraîche et
vigoureuse, jalousie érigée en principe et
en théorie.) Je suis persuadé que, si le
maître peut déployer une telle ardeur dans
l'éducation de l'enfant, c'est uniquement
qu'au fond de cette tendance se recèle la
jalousie de la pureté de l'enfant, et le désir
de le rendre semblable à soi, c'est-à-dire
plus dépravé.

6.

Je connais un *dvornik*[1], un revendeur habitué à gagner le kopeck par des moyens assez peu honnêtes, qui, à mes objurgations de mettre son fils, un excellent sujet d'une douzaine d'années, chez moi, à l'école d'Yasnaïa Poliana, répond toujours la même chose, avec sa laide figure rougeaude :

— Oui, c'est vrai, Votre Excellence, mais il faut d'abord que je l'imprègne de mon esprit.

Et il le traîne partout avec lui, et il se vante que cet enfant de douze ans a déjà appris à duper les mougiks qui apportent du froment à son père.

Qui ne connaît des pères qui, instruits par des sous-officiers, ne trouvent bonne que l'instruction animée de ce même esprit dans lequel ils ont été élevés eux-mêmes ? N'est-ce point de la même façon que les professeurs dans les universités, et les moines

[1] Concierge.

dans les séminaires imprègnent leurs élèves de leur esprit?

Je n'ai pas l'envie de démontrer ce que j'ai déjà démontré une fois, ce qui est très facile à démontrer, à savoir que l'éducation, en tant que formation préméditée des esprits sur de certains modèles, *n'est point féconde, n'est point légitime, n'est point possible.* Ici, je me bornerai à une seule question. Le droit d'éducation n'existe pas. Je ne le reconnais pas plus que ne le reconnaît, que ne l'a jamais reconnu, que ne le reconnaîtra jamais la jeune génération qui s'élève et qui, toujours et partout, proteste contre la contrainte de l'éducation. *Comment démontrerez-vous ce droit?* Je n'admets, je ne suppose rien, et vous admettez, vous supposez, vous, un droit qui pour nous n'existe pas, le droit dévolu à un homme de rendre les autres tels qu'il le veut. Démontrez ce droit, mais non pas en alléguant que cet abus de pouvoir existe en fait et existait déjà depuis longtemps. C'est à nous à faire la demande, non à vous; vous devez, vous, répondre. On m'a déjà riposté maintes fois, dans la conversation et par écrit, à propos des idées exprimées dans mon *Journal de Yasnaïa Poliana* [1], sur le ton dont on apaise un enfant turbulent. On me disait :

— Sans doute, donner l'éducation qu'on donnait dans les monastères du moyen âge,

— sans doute ce n'est pas bon; mais les gymnases, les universités, c'est bien différent.

D'autres me disaient encore :

— Sans doute, il en est ainsi, mais en considérant telles et telles circonstances, etc., il faut convenir qu'il n'est pas possible de faire autrement.

Une pareille défense établit, il me semble

[1] Journal de pédagogie que le comte Léon Tolstoï rédigea quelque temps, ainsi appelé du nom de son domaine.

non point la justice de la cause, mais sa faiblesse.

La question se pose ainsi :

— Un homme a-t-il, oui ou non, un droit sur l'éducation d'un autre ?

On ne peut pas répondre non, mais cependant... il est nécessaire de répondre oui ou non. Si oui, la synagogue juive, l'école du sacristain ont le droit légitime d'exister au même titre que toutes nos universités. Si non, votre université elle-même, en tant qu'établissement d'éducation, est aussi illégitime, pour peu qu'elle soit imparfaite, et tout le monde est loin de la trouver parfaite. Je ne vois pas de milieu, et non point en théorie seulement, mais dans la réalité. Pour moi, je m'insurge également contre le gymnase avec son latin et contre le professeur de l'université avec son radicalisme ou son matérialisme. Ni le collégien, ni l'étudiant n'ont la liberté du choix. Même, d'après mes obser-

vations, les résultats de toutes ces sortes
d'éducation sont également monstrueux.
N'est-il pas évident que les programmes
d'études de nos établissements supérieurs
apparaîtront, dans le xxie siècle, aussi
étranges et inutiles à nos petits-neveux que
nous le semblent maintenant les écoles du
moyen âge ? Il est bien facile d'en tirer cette
conclusion : si, dans l'histoire du savoir
humain, il n'est point de vérité absolue, si
les erreurs vont se succédant l'une à l'autre,
alors sur quel fondement forcer la jeune
génération à s'assimiler des connaissances
qui seront certainement reconnues fausses
un jour ?

V

On dira et on a dit :

— S'il en est ainsi, de quoi vous mettre en peine ? C'est qu'il doit en être ainsi.

Je ne le vois pas du tout. Si les hommes se sont toujours entretués l'un l'autre, il ne s'ensuit point nécessairement qu'il en aille toujours de même, et que l'assassinat doive être érigé en principe, alors surtout qu'on a trouvé les causes de ces assassinats et indiqué la possibilité de les prévenir.

Mais voici le point principal. Pourquoi, vous arrogeant le droit d'éducation, protestez-vous contre la mauvaise éducation ? Le père proteste en mettant son fils au gymnase,

la religion proteste contre les universités, le
gouvernement proteste, tout le monde proteste. Il faut reconnaître ce droit à chacun,
ou le dénier à tous ; je ne vois pas de mi-
lien. La science doit résoudre la question :

— Avons-nous, ou non, le droit d'éducation ?

Pourquoi ne pas dire la vérité ? N'est-il
pas vrai que l'université n'aime point l'enseignement des prêtres et ne trouve rien
de pire que les séminaires ? Que le clergé
n'aime point l'enseignement universitaire
et ne trouve rien de pire que les universités,
« écoles d'orgueil et d'athéisme » ? Que les
parents réprouvent les universités, celles-ci
les corps de cadets, que le gouvernement
blâme les universités, et réciproquement ?
Mais qui donc a raison, qui donc a tort ?

Deux partis à prendre : ou bien reconnaître
ce droit à celui qui nous touche de plus près,
ou que nous aimons davantage ou dont nous

avons peur, comme le font la plupart (pope,
je mets les séminaires au-dessus de tout ;
militaire, je préfère le corps des cadets ;
étudiant, je ne connais que les universités.
Ainsi faisons-nous tous, en colorant seulement notre partialité de motifs plus ou moins
ingénieux, et sans remarquer que tous nos
adversaires en font autant) ; ou bien ne reconnaître à personne ce droit d'éducation. C'est
ce dernier parti que j'ai choisi, et je vais
essayer de montrer pourquoi.

Je dis que les universités, non seulement
de la Russie, mais de l'Europe entière, si
elles ne sont point absolument libres, n'ont
d'autre fondement que l'arbitraire, et qu'elles
sont aussi monstrueuses que les écoles des
monastères. Je prie mes futurs critiques de
ne point atténuer mes conclusions : ou je
me trompe, ou c'est la pédagogie tout entière qui se trompe ; il ne saurait y avoir de
milieu. Donc, tant que le droit d'éducation

7

ne sera pas prouvé, je ne le reconnais pas.
Mais en niant ce droit, je ne peux pas nier
le phénomène lui-même, le fait de l'éducation, et je dois l'expliquer.

VI

D'où provient l'éducation, et cette étrange
opinion de notre monde, cette contradiction
inexplicable qui nous fait dire : « Cette mère
est mauvaise, elle n'a pas le droit d'élever
sa fille : ôtons-la-lui. »

Quelle est l'origine de l'éducation?

Si, depuis des siècles, il existe un phénomène aussi anormal que la contrainte dans
l'instruction — l'éducation, — c'est que les
causes doivent en être cherchées dans la
nature humaine. Ces causes, je les trouve :

1° Dans la famille,

2° Dans la religion,

3° Dans l'Etat,

Et 4° dans la Société (au sens étroit qu'attachent à ce mot, chez nous, la classe des tchinovniks[1] et de la noblesse).

La première cause en est que le père et la mère, quels qu'ils soient, veulent rendre leurs enfants tels qu'ils sont eux-mêmes, ou du moins tels qu'ils voudraient être. Cette tendance est si naturelle qu'on ne saurait la blâmer. Tant que le droit du libre développement de chacun n'aura point pénétré dans la conscience de tous les parents, on ne peut demander rien d'autre. En outre, les parents ont, plus que personne, à s'inquiéter de ce que deviendra leur fils, de sorte que leur tendance à l'élever d'après leurs idées peut être considérée, sinon comme juste, au moins comme naturelle.

La seconde cause qui a engendré le phénomène de l'éducation, c'est la religion. Dès qu'un homme — mahométan, juif ou chré-

[1] Fonctionnaires.

tien — est persuadé que quiconque ne
partage pas sa foi ne saurait être sauvé et
perd son âme, il ne peut pas ne pas désirer
de convertir, même par la violence, et d'élever les enfants dans sa foi.

Je le répète encore une fois : la religion
est l'unique fondement légitime et raisonnable de l'éducation.

La troisième et capitale cause du phénomène de l'éducation est la nécessité qui
s'impose aux gouvernements de former le
personnel dont ils ont besoin en vue de certains buts. De cette nécessité découle l'établissement des corps de cadets, des écoles
de droit, du génie et d'autres écoles. Sans
les serviteurs du gouvernement, point de
gouvernement; sans gouvernement, point
d'État. Donc cette cause a des justifications
indiscutables.

La quatrième cause enfin en est dans les
besoins de la *société*, de cette société, au

sens étroit du mot, que représentent chez nous la noblesse, la bureaucratie et la classe des marchands. Il faut à cette société des auxiliaires, des partisans et des adhérents.

Il est remarquable, — et ici je prie le lecteur, pour la clarté de ce qui suit, de concentrer son attention sur ce point, — il est remarquable que la science et la littérature prodiguent leurs attaques et contre la contrainte de l'éducation familiale (on dit que les parents dépravent leurs enfants, mais il est naturel, semble-t-il, que le père et la mère veuillent rendre leurs enfants tels qu'ils sont eux-mêmes); et contre l'éducation religieuse (il n'y a pas bien longtemps, toute l'Europe se lamentait pour un petit Juif élevé de force par un chrétien; mais il n'y a rien de plus légitime que d'ouvrir à l'enfant rencontré sur mon chemin la voie du salut éternel dans cette religion unique en laquelle je

crois) ; et contre l'éducation des tchinovniks,
des officiers (mais le moyen, pour un gouvernement dont tous nous sentons le besoin,
de ne point former un personnel qui le serve
et nous serve?)... Mais des attaques contre
l'éducation publique, on n'en entend aucune.
La société, privilégiée par son université, a
toujours raison ; néanmoins elle élève les
enfants dans des notions contraires au
peuple, à toute la masse du peuple, sans
autre justification que son orgueil. Pourquoi
cela? C'est uniquement, je pense, que nous
n'entendons point la voix qui nous accuse,
nous ne l'entendons point parce qu'elle ne
parle pas dans la presse et dans la chaire.
Mais c'est la voix puissante du peuple, — et
il faut lui prêter l'oreille.

Prenez, dans notre époque et dans notre
société, tel établissement public que bon
vous semblera, — depuis l'école populaire et
l'asile des enfants pauvres, jusqu'au pen-

sionnat de demoiselles, jusqu'aux gymnases
et universités — partout vous constaterez
un phénomène incompréhensible et qui ne
saute aux yeux à personne. Les parents,
depuis les paysans et les artisans jusqu'aux
marchands et aux nobles, se plaignent qu'on
élève leurs enfants dans des idées étrangères
à leur milieu. Les marchands et les nobles
de vieille roche disent :

— Nous ne voulons pas des gymnases et
des universités qui feront de nos enfants
des athées et des esprits forts.

Les paysans et les artisans ne veulent
point des écoles, des asiles et des pensionnats, de peur qu'on ne fasse de leurs enfants
des ennemis du travail manuel, des scribes
au lieu de cultivateurs.

Mais tous les maîtres sans exception, à
tous les degrés de l'enseignement, n'en ont
pas moins pour unique souci d'élever de
telle sorte les enfants confiés à leurs soins,

que ces enfants ne ressemblent point à leurs
parents.

Quelques instituteurs l'avouent naïve-
ment; quelques autres, sans l'avouer, se
considèrent eux-mêmes comme les modèles
que doivent suivre leurs élèves, et les parents, comme les types de cette grossièreté,
de cette ignorance et de ces vices qu'ils
doivent éviter. L'institutrice, — cette créa-
tion monstrueuse, déformée par la vie, qui
fait consister toute la perfection de la nature
humaine dans l'art de tirer la révérence,
de porter des cols et de parler français, —
vous révélera confidentiellement qu'elle est
la martyre de ses obligations; que tous ses
efforts sont en pure perte, par l'impossibilité
de soustraire tout à fait les enfants à l'influence de leurs parents; que ses petites
élèves, qui commençaient déjà à oublier la
langue russe et à mal parler le français, qui
commençaient à oublier les manières des

cuisinières, et les besognes de la cuisine, et
les courses à pieds nus, mais qui, Dieu
merci ! avaient déjà appris Alexandre de
Macédoine et la Guadeloupe dans la société
des gens de maison, — que ces élèves,
hélas ! oubliaient tout cela et revenaient à
leurs basses habitudes. Cette institutrice,
non seulement ne se gênera pas devant ses
élèves, elle se moquera de leurs mères et
et en général de toutes les femmes de leur
condition, mais encore elle se fera un mérite,
en raillant le milieu où ses élèves vivaient
avant, de modifier leurs vues et leurs
notions.

Je ne parle pas de cette factice organisation matérielle qui doit déjà bouleverser
toutes leurs idées. A la maison, toutes les
commodités de la vie, — l'eau, les pâtes,
des provisions, un bon dîner prêt, la pro-
preté et le confort du logis — tout dépend
de la peine et du souci que se donne la

mère et toute la famille : plus grands la
peine et le souci, plus de commodités ;
moins grands la peine et le souci, moins de
commodités. Chose bien simple, mais, j'ose
croire, plus instructive que la langue française et Alexandre de Macédoine. Mais,
dans l'éducation publique, cette constante
récompense que la vie proportionne au
travail est d'autant plus laissée de côté, que
non seulement le dîner ne sera pas pire ou
meilleur, la taie d'oreiller plus propre ou
plus sale, le plancher plus ou moins bien
frotté suivant que l'élève s'en occupera ou
non, mais cette élève n'a point même une
petite cellule à elle, son coin qu'elle serait
libre d'arranger ou non à sa guise : nul
moyen de se faire une parure d'un bout de
chiffon ou de ruban.

VII

— Eh mais ! il n'est pas généreux de frapper un homme à terre, diront les neuf dixièmes des lecteurs ; pourquoi parler des pensionnats ? etc...

Non, ils ne sont pas à terre, ils sont debout, debout et solidement établis sur le droit d'éducation. Les pensionnats ne sont nullement plus monstrueux que les gymnases et les universités. A la base des uns et des autres on trouve le même principe : le droit reconnu à un seul ou à quelques-uns de rendre les autres tels qu'ils le veulent. Les pensionnats ne sont pas à terre, il en existe, il en existera des milliers, parce qu'ils ont

le même droit à l'éducation que les gymnases et les universités.

La différence est en ceci peut-être, que
nous ne reconnaissons pas, on ne sait pourquoi, le droit de la famille à élever comme
elle l'entend, nous enlevons son enfant
à une mère dépravée pour le mettre à
l'asile, où le corrigera une institutrice dépravée. Nous ne reconnaissons point à la religion
le droit d'élever, nous crions contre les
séminaires et les écoles des monastères,
nous refusons ce droit au gouvernement,
nous blâmons les cadets, les écoles de
droit, etc. Mais nous manquons d'énergie
pour nier la légitimité des établissements
où la *société*, non point le peuple, mais la
société supérieure, s'arroge le droit d'élever
à sa guise, — les pensionnats de demoiselles
et les universités. Les universités? — Oui,
les universités. Je me permettrai d'exami-
ner même ce temple de sagesse. A mon

point de vue, non seulement il n'a point
progressé d'un pas sur les établissements de
jeunes filles, mais encore c'est en lui que
se trouve la racine du mal — le despotisme
de la société, contre lequel on n'a pas encore
levé la main.

De même que le pensionnat a décidé qu'il
n'y a pas de salut en dehors de l'instrument
appelé piano et de la langue française, de
même un sage, ou une compagnie de sages,
(que l'on comprenne dans cette compagnie
les représentants de la science européenne,
de laquelle nous nous sommes comme ins-
pirés dans l'organisation de nos universités ;
cette-compagnie de sages n'en sera pas
moins encore trop peu nombreuse eu égard
à la masse des gens qui s'instruisent et pour
qui l'on créera une université) a fondé
des universités pour apprendre absolument
toutes les sciences dans leur développement
supérieur, le plus supérieur ; et, ne l'oubliez

pas, elle en a fondé à Moscou, à Pétersbourg, Kazan, Kiev, Dorpat, Karkov, elle en fondera demain de nouvelles à Saratov, à Nikolaïev; là seulement où elle le voudra se fondera un établissement pour l'étude de toutes les sciences dans leur plus haut développement. Je doute que ces sages aient trouvé le moyen d'organiser un pareil établissement. Pour l'institutrice la chose est bien plus facile; elle a un modèle, — elle-même. Mais ici les modèles sont trop divers et complexes. Admettons néanmoins qu'une semblable organisation soit trouvée, admettons, ce qui est plus encore improbable, que nous ayons un personnel pour ces établissements. Regardons-les fonctionner, et voyons les résultats.

VIII

J'ai signalé déjà l'impossibilité de démontrer que le programme d'un établissement
d'étude quelconque, en dehors de l'université, prépare, non point à un autre établissement, mais directement à la vie. Je me
bornerai à redire comment les esprits im-
partiaux ne peuvent pas ne pas tomber
d'accord sur ce point, — à savoir qu'il est
impossible de prouver la nécessité de la
subdivision des facultés.

L'université, comme l'institutrice, estime
que la première condition requise pour
tirer profit de l'enseignement est d'être
soustrait au milieu primitif. Elle n'admet,

aux termes de son règlement général, que les élèves qui ont suivi pendant huit ans les cours du gymnase et qui habitent une grande ville. Un petit nombre d'étudiants non inscrits étudient ces mêmes cours du gymnase, non pas au gymnase, mais chez des maîtres de l'enseignement privé.

Avant d'entrer au gymnase, l'élève doit passer par l'école du district et l'école populaire.

J'essayerai, laissant de côté les citations et les profondes comparaisons de l'état de la question dans les différents États de l'Europe, j'essayerai de parler simplement de ce qui se passe sous nos yeux, en Russie.

Tous, je l'espère, tomberont d'accord avec moi que l'objet principal de nos établissements d'éducation est de propager l'instruction dans toutes les classes, et non point de la concentrer dans la classe qui en a fait sa chose, c'est-à-dire que nous n'avons pas

tant à cœur de donner l'instruction aux fils
d'un riche ou d'un grand seigneur, qui la
recevront toujours, sinon dans un établissement russe, du moins en Europe, — que de
la donner au fils du dvornik, du petit marchand, de l'artisan, du pope, de l'ex-serf, etc.
Je ne parle pas du paysan, ce serait une
illusion irréalisable. En un mot l'université
a pour but de répandre l'instruction parmi
le plus grand nombre de gens.

Prenons pour exemple le fils d'un petit
marchand de la ville ou d'un petit noble.
Avant toute chose on enseigne à l'enfant
l'écriture et la lecture. Cet enseignement,
comme on sait, consiste à apprendre par
cœur des mots slaves incompréhensibles, et
se continue pendant trois ou quatre ans. Les
connaissances ainsi acquises ne sont guère
applicables à la vie, et les habitudes morales
qu'on gagne là, — c'est l'irrespect des grandes
personnes et des maîtres, parfois même le

vol des livres, etc., et surtout l'oisiveté et la paresse.

Il semble superflu de démontrer que l'école où l'on étudie pendant trois ans ce qui peut s'apprendre en trois mois, est une école d'oisiveté et de paresse. L'enfant, obligé de se tenir, six heures durant, immobile au-dessus de son livre, et qui met la journée entière à apprendre ce qu'il pourrait apprendre en une demi-heure, s'habitue forcément à l'oisiveté la plus complète et la plus pernicieuse. Au sortir d'une pareille école, les neuf dixièmes des parents, surtout les mères, trouvent leurs enfants à moitié dépravés, physiquement affaiblis et en retard, mais le besoin de les pousser dans le monde décide la famille à les mettre à l'école du district. Là, l'apprentissage de l'oisiveté, de la ruse, de l'hypocrisie et l'affaiblissement physique se continuent sur une vaste échelle. A l'école du district, on rencontre encore des visages de santé, au gymnase rarement, à l'université, presque jamais. A l'école du district les matières de l'enseignement sont encore moins applicables à la vie qu'à la première école. On y commence Alexandre de Macédoine, la Guadeloupe, et l'explication imaginaire des phénomènes de la nature, toutes choses qui ne donnent rien à l'élève, qu'un faux orgueil et du mépris pour ses parents. Qui n'en connaît, de ces élèves remplis d'un profond dédain pour quiconque n'a pas appris ceci qu'ils ont entendu dire au maître : que la terre est ronde et que l'air est un composé d'azote et d'oxygène ?

Au sortir de l'école du district, cette mère stupide, que les faiseurs de romans raillent si agréablement, gémira encore plus sur son enfant changé au moral comme au physique.

Arrivent les cours du gymnase, avec les

mêmes examens, la même contrainte qui
développent encore l'hypocrisie, l'astuce,
l'oisiveté; et le fils du petit marchand ou
du petit noble, qui ne sait comment se procurer un ouvrier ou un commis, apprend
maintenant par cœur la grammaire française, le latin, l'histoire de Luther, etc. En
dehors de ce savoir sans applications possibles, il étudie encore l'art de faire des
dettes, de tromper, de tirer par la ruse de
l'argent à ses parents, et autres sciences qui
trouveront dans l'université leur épanouisse-
ment définitif.

C'est ici, au gymnase, que s'achève le
divorce avec la maison. Les maîtres instruits
tâchent d'élever l'enfant au-dessus de son
milieu natif, et dans ce but lui donnent à
lire Bielinsky, Macaulay, Lewis, etc., non
point pour satisfaire à une vocation qui le
pousserait vers quelque chose en particulier,
mais pour le *développer* en général, comme

ils disent. Et le collégien, sur le fondement de vagues notions et des mots qui leur correspondent, — progrès, libéralisme, matérialisme, évolution historique, etc., — regarde son passé avec mépris et répulsion.

Le but des maîtres est atteint, mais les parents, surtout la mère, avec une angoisse, un chagrin encore accrus, contemplent leur Vania épuisé, bouffi de suffisance et d'orgueil, qui parle par la langue d'autrui, qui pense par l'esprit d'autrui, qui fume des cigarettes et boit du vin.

— Maintenant c'est fait, — les autres sont aussi comme ça, pensent les parents ; sans doute qu'il le faut ainsi...

Et Vania est envoyé à l'Université. Les parents n'osent pas s'avouer à eux-mêmes qu'ils se sont trompés.

A l'université, comme il a été dit déjà, on

n'en voit presque pas un dont le visage respire la santé et la fraîcheur ; on n'en voit
pas un qui considère avec respect, ni même
avec résignation, ce milieu dont il est sorti,
et dans lequel il est destiné à vivre ; il le
regarde avec mépris, avec dégoût, avec un
regret nuancé d'arrogance. C'est du même
œil qu'il voit les gens de son milieu, ses
parents, et la tâche qu'il aurait normalement
à remplir. Trois carrières seules lui apparaissent dans une auréole : savant, littéra-
teur et tchinovnik.

De toutes les matières de l'enseignement,
il n'en est pas une qui s'applique à la vie,
et on les enseigne comme on apprend par
cœur le psautier et la géographie d'Obo-
dovsky. J'excepte seulement les sciences
expérimentales, telles que la chimie, la physique, l'anatomie, même l'astronomie, auxquelles on initie les étudiants ; toutes les
autres matières, telles que la philosophie,

l'histoire, le droit, la philologie, s'apprennent par cœur dans l'unique but de répondre à l'examen, qu'il s'agisse, d'ailleurs, d'examens de sortie ou de passage.

IX

Je vois d'ici la mine superbement dédai-
gneuse des professeurs qui liront ces lignes.
Ils ne me feront même pas l'honneur d'un
accès de dépit, et, ils ne condescendront
point, du haut de leur grandeur, à démontrer au romancier qu'il n'entend rien à ces
questions sérieuses et mystérieuses.

Je le sais, mais cela ne saurait m'empêcher d'exposer les conclusions de la raison
et de l'esprit d'observation. Je ne peux en
aucune façon admettre, avec les professeurs,
le sacrement de l'instruction, exerçant sur
les étudiants une action invisible, indépendante de la forme et du fond des leçons des

8

professeurs. Je n'admets point tout cela, non
plus que l'influence mystérieuse, instructive,
inexpliquée de l'éducation classique, éducation qu'on ne juge point nécessaire de dis-
cuter. Quand des sages réputés dans tout
l'univers, quand les gens les plus honorables
par leur caractère m'affirmeraient que rien ne
vaut pour le développement d'un homme
comme la grammaire latine, les vers grecs
et latins dans l'original, alors qu'on peut les
lire dans la traduction — je ne le croirai
pas plus que, pour le développement d'un
homme, il lui faille rester trois heures debout sur un seul pied. Il faudrait prouver ce
point, et non par la seule expérience. On
prouve tout ce qu'on veut par l'expérience.
Par l'expérience, le sacristain prouve que le
meilleur moyen d'enseigner la lecture et
l'écriture, c'est de forcer à apprendre le
psautier; le cordonnier assure que le meilleur moyen d'enseigner son métier, c'est

d'obliger l'apprenti, pendant deux ans, à aller chercher de l'eau, couper du bois, etc. Ainsi vous prouverez tout ce que vous voudrez.

Ce que j'en dis là, c'est uniquement pour que les défenseurs des universités ne viennent pas me parler des données de l'histoire, et d'une mystérieuse influence instructive, et du lien commun des établissements d'éducation de l'État, ni me citer en exemple les universités d'Oxford et de Heidelberg : — je ne veux que raisonner d'après le simple bon sens et je leur demanderai de raisonner de même.

Je sais seulement qu'en entrant à l'université, entre seize et dix-huit ans, le cercle des connaissances que je veux acquérir, suivant la faculté dont j'ai fait choix, est déjà déterminé dans mon esprit, et volontairement déterminé. Je viens à un des cours qui me sont prescrits de par cette faculté, et

je suis obligé non seulement d'écouter tout ce
que lit le professeur, mais de l'apprendre,
sinon mot à mot, du moins proposition à proposition. Si je n'apprends pas tout, le professeur me refusera le certificat nécessaire
lors de l'examen de passage ou de sortie.
Je ne parle point de ces abus qui se renou-
vellent des centaines de fois. Pour obtenir
ce certificat, je dois flatter les manies du
professeur : ou m'asseoir toujours au premier banc et prendre des notes, ou me
composer à l'examen une mine effrayée ou
joyeuse, ou professer des convictions identiques aux siennes, ou suivre toutes les
soirées. (Je n'invente rien, je rapporte ses
griefs des étudiants, griefs qu'on peut
entendre dans toutes les universités.) En
écoutant les cours, je peux, fort de lectures
sur l'objet de mes études, trouver ses leçons
mauvaises, — je dois néanmoins les écouter
ou, tout au moins, les apprendre.

Dans les universités un dogme existe, qui n'est point énoncé par le professeur : c'est le dogme de l'infaillibilité papale du professeur. Bien plus, l'instruction des étudiants par le professeur s'opère secrètement, comme chez tous les sacrificateurs, et non sans exiger l'hommage des profanes et des étudiants. Dès que le professeur est intronisé, il commence à lire son cours ; est-il sot de sa nature, devient-il encore plus sot dans l'accomplissement de sa charge, n'est-il point à la hauteur de la science, son caractère manque-t-il de dignité, — il n'en continue pas moins à lire tant qu'il continue à vivre ; et nul moyen, pour les étudiants, de manifester leur plaisir ou leur déplaisir.

Et ce que lit le professeur reste un secret pour tous, hormis les étudiants. Peut-être est-ce un effet de mon ignorance, mais je ne sache pas qu'il existe des livres, des

8.

manuels composés avec les cours des professeurs. Mais s'il en est de tels, c'est dans
la proportion d'un sur cent.

Qu'est-ce que cela signifie ? Le professeur
enseigne une science dans un établissement
d'enseignement supérieur, — supposons que
ce soit l'histoire du droit russe ou le droit
civil — donc il connaît cette science dans
son plus haut développement, donc il a pu
colliger toutes les diverses opinions qu'elle
a suscitées, ou choisir l'une d'entre elles, la
plus contemporaine, en en démontrant la
légitimité : pourquoi alors prive-t-il nous
tous, et l'Europe entière, des fruits de sa
sagesse pour les réserver aux seuls étudiants
qui l'entendent ? Peut-il ignorer qu'il existe
de bons éditeurs, payant cher les bons
livres, une critique littéraire capable d'apprécier les œuvres de l'esprit, et que pour
les étudiants il serait infiniment plus commode de lire son livre chez eux, allongés

sur leur lit, que de prendre des notes ? La
science se modifiant, se perfectionnant chaque année, — chaque année pourraient
paraître de nouveaux fascicules complémen-
taires. La littérature et le public lui en sauraient gré. Pourquoi donc ne publie-t-il point
ses leçons?

Je voudrais bien ne voir là qu'indifférence
pour le succès littéraire ; mais, par malheur,
je m'aperçois que ces mêmes sacrificateurs
de la science ne se refusent point de publier
un léger article politique qui ne se rapporte
pas toujours à l'objet de leur cours. J'ai
peur que le mystère dont s'entoure l'enseignement universitaire ne provienne de ce
que quatre-vingt-dix sur cent de ces cours,
s'ils étaient imprimés, ne supporteraient
pas une critique tant soit peu approfondie.
Pourquoi le professeur se borne-t-il à lire
son cours, au lieu de mettre entre les
mains des étudiants un bon livre de lui ou

d'un autre, un ou deux ou dix bons livres?

Cette condition qui l'oblige à lire, et à lire un cours de lui, est l'un des dogmes de la pratique universitaire, que je n'admets pas et qu'on ne saurait démontrer.

— La transmission orale se grave plus aisément dans les mémoires, etc., me dira-t-on.

Tout cela n'est pas juste. Bien des gens, à mon exemple, et qui constituent, non des exceptions, mais la règle générale, ne comprennent rien à la transmission orale; ils ne comprennent bien qu'en lisant le livre, tranquillement, chez eux. La transmission orale n'aurait de sens que si les étudiants avaient le droit de controverse, si le cours était un entretien et non une leçon. Alors seulement nous, le public, nous n'aurions pas le droit d'exiger des professeurs ces manuels d'après lesquels, trente ans de suite, ils enseignent nos enfants et nos frères.

Mais, dans l'organisation actuelle, la lecture
des cours n'est qu'une amusante cérémonie,
sans aucun sens, et amusante surtout par le
sérieux dont elle s'accompagne.

X

Je ne me pose pas ici en réformateur des universités; je ne dis pas qu'en accordant aux étudiants le droit de controverse, on rendrait plus rationnel l'enseignement universitaire. Autant que je connaisse les professeurs et les étudiants, il me semble que, dans ce cas, les étudiants feraient des niches d'écoliers, joueraient au libéralisme, que les professeurs ne pourraient point, sans recourir à l'autorité, mener les débats avec sang froid, et que les choses iraient plus mal encore. Mais il n'en résulte aucunement, à mon sens, que les étudiants doivent être réduits au silence, ni que les professeurs doivent avoir le droit de dire tout ce qu'ils voudront, il en résulte seulement que l'organisation des universités repose tout entière sur des fondements faux.

Cette université-là est seule compréhensible, qui répond à sa définition, à son idée fondamentale : une assemblée de gens dans un but d'instruction mutuelle. De pareilles universités, à nous inconnues, naissent et fonctionnent en divers coins de la Russie ; dans les universités mêmes, dans des cercles d'étudiants, des gens s'assemblent, lisent, causent, et finalement s'organisent dans ce but. Voilà la véritable université.

Mais nos universités officielles, malgré tous les vains bruits qui courent sur le libéralisme imaginaire de leur organisation, sont des établissements qui ne diffèrent en rien des pensionnats et des corps de cadets. De même que les corps de cadets préparent des officiers, et les écoles de droit des tchi-

novniks, de même les universités préparent
des tchinovniks et des universitaires (c'est là,
comme chacun sait, une catégorie, un état
particulier, presque une caste).

Les événements qui ont troublé les universités dans ces derniers temps s'expliquent
pour moi de la manière la plus claire : on a
permis aux étudiants de faire sortir le col
de la chemise, de ne point boutonner l'uniforme, on a voulu cesser de les punir pour
manquer les leçons ; et du coup l'édifice
entier a failli craquer et s'écrouler. Pour
rétablir l'ordre, il y a un moyen : il faut
remettre au cachot quiconque manque une
leçon et boutonner l'uniforme. Il serait encore meilleur, à l'exemple des établissements anglais, de punir les progrès trop
insuffisants et les mauvaises mœurs, et surtout de limiter au strict nécessaire le nombre
des étudiants. Ces mesures s'appliqueraient
successivement, et, grâce à une pareille

organisation, nos universités nous donneraient les mêmes produits qu'auparavant.

En tant qu'établissements réservés à l'instruction des membres de la société, dans le
sens étroit du mot, — de la société supérieure
des tchinovniks, les universités se justifient.
Mais dès qu'on a voulu les destiner à l'instruction de la société russe tout entière, il a
clairement apparu qu'elles ne valaient rien.
Je ne comprends pas du tout pourquoi, —
du moment que, dans les corps de cadets, on
évoque la nécessité de l'uniforme et de la discipline, — pourquoi, dans les universités,
où les procédés d'enseignement sont les
mêmes, les examens, la contrainte, un programme arrêté, où les élèves n'ont ni le
dro... de contredire, ni le droit de manquer
les cours, pourquoi, dans les universités,
on parle de liberté, on prétend se passer
des moyens dont on use dans les corps de
cadets !

Que l'exemple des universités allemandes
ne nous émeuve point : nous ne pouvons
prendre les Allemands pour modèles : chez
eux, toute loi, toute coutume sont réputées
sacrées ; chez nous, malheureusement ou
heureusement, c'est tout le contraire.

XI

Tout le mal, tant pour les universités que pour l'instruction en général, vient surtout des gens qui ne raisonnent pas, qui suivent le courant du siècle et s'imaginent ainsi pouvoir servir deux maîtres à la fois. Ce sont ces gens-là qui, aux idées précédemment émises par moi, répondent de la sorte :

— C'est vrai, il est passé, le temps de battre les enfants pour les faire travailler, de les obliger à apprendre par cœur ; tout cela est trop juste ; mais convenez aussi qu'il est des cas où sans les verges on ne peut rien, des cas où il faut les forcer à apprendre par cœur. Vous avez raison, mais pourquoi aller si loin? etc., etc.

Voilà, ce me semble, joliment raisonner; mais c'est eux les ennemis de la vérité et de la liberté ! S'ils semblent vous donner raison, c'est pour s'emparer de votre idée, pour la travestir, la mutiler, la tondre à leur guise. Ils ne sont nullement convaincus que la liberté est nécessaire, ils le disent seulement, parce qu'ils ont peur de ne point s'incliner devant les idoles de notre siècle. En présence du gouverneur, comme des tchinovniks, ils louent le gouverneur, dépositaire du pouvoir.

Combien je préfère mille fois mon ami le pope, qui dit franchement qu'il n'y a pas à raisonner; que les hommes sont perdus s'ils demeurent étrangers à la religion et qu'il faut donc, par tous les moyens, apprendre la religion à l'enfant, — le sauver. Il dit que la contrainte est nécessaire, que l'étude. —

c'est l'étude et non point le plaisir. Avec
lui on peut raisonner, mais non pas avec
les messieurs qui servent à la fois l'autorité
et la liberté.

C'est à ces messieurs que nous devons la
situation actuelle des universités, qui exige
une habileté absolument diplomatique et
amène sur nos lèvres la question de *Figaro*:

— « Qui trompe-t-on ici? » Les élèves
trompent leurs parents et les maîtres, les
maîtres trompent les parents, les élèves et
le gouvernement, etc., et réciproquement.

Et l'on nous dit qu'il en doit être ainsi,
on nous dit :

— Vous, profanes, ne mettez point votre
nez dans nos affaires ; il faut ici une habileté spéciale et des lumières particulières,
des traditions historiques.

Mais l'affaire apparaît cependant bien
simple : les uns veulent enseigner, les autres
veulent s'instruire. Qu'on enseigne autant

qu'on peut ; qu'on s'instruise autant qu'on
veut.

Je me souviens d'avoir, au plus fort de
l'agitation soulevée par le projet d'université
de Kostomarov, défendu ce projet devant
l'un des professeurs. Il me disait, avec quel
sérieux profond, quelle inimitable gravité !
presque en chuchotant, et confidentiellement :

— Mais savez-vous ce que c'est que ce
projet ? Ce n'est point une université nouvelle, c'est l'abolition des universités ! dit-il
en me regardant avec épouvante.

— Eh bien, ce serait tant mieux, répondis-
je, parce que *les universités sont mauvaises.*

Le professeur cessa de raisonner avec
moi, bien qu'il ne fût pas en son pouvoir,
non plus qu'au pouvoir de quiconque, de
prouver que les universités sont bonnes.

Tous, même les professeurs, sont hommes.
Pas un ouvrier n'accordera qu'il faut détruire

la fabrique où il trouve un morceau de pain
et ce, non par calcul, mais inconsciemment,
d'instinct. Ces messieurs qui se mettent en
peine d'assurer la plus grande liberté aux
universités, ressemblent à un homme qui,
ayant fait éclore dans sa chambre de jeunes
rossignols et convaincu, leur ouvrirait la
cage et prétendrait les rendre libres — au
bout d'une ficelle, puis s'étonnerait de voir
les rossignols, loin de prendre leur vol avec
les ficelles attachées à leurs pieds, se briser
seulement les pattes et mourir.

Jamais personne n'a pu croire les universités organisées en vue de répondre aux
besoins du peuple. Cela était d'autant plus
impossible que les besoins du peuple étaient
et demeurent encore inconnus. Non, les
universités ont été fondées, en partie pour
les besoins du gouvernement, en partie pour
la société supérieure; c'est pour elles que
s'est créée l'échelle des établissements d'é-

tude qui y préparent, échelle qui n'a rien
de commun avec les besoins du peuple. Le
gouvernement réclamait des tchinovniks, des
médecins, des juristes, des maîtres; pour
les préparer, des universités se fondèrent.
La société supérieure réclame aujourd'hui
des libéraux sur un certain modèle; les universités lui en préparent de tels. Le mal est
seulement que, de ces libéraux, le peuple
n'en a pas le moindre besoin.

On dit communément que les défauts des
universités ont leur origine dans les défauts
des établissements inférieurs. J'affirme le
contraire : les défauts des écoles populaires,
et surtout des écoles de district, ont prin-
cipalement leur origine dans la fausse direction que leur impriment les exigences des
universités.

XII

Considérons maintenant la pratique des universités. Sur cinquante étudiants dont se compose l'auditoire, dix, assis sur les deux premiers bancs, ont des cahiers et prennent des notes : sur ces dix, six en prennent pour plaire au professeur, par cette obséquiosité que l'école et le gymnase ont développée ; quatre en prennent avec le sincère désir d'écrire le cours entier, mais dès la quatrième leçon ils cessent absolument d'écrire : et c'est beaucoup, beaucoup, si deux ou trois d'entre eux, c'est-à-dire la quinzième ou la vingtième partie du cours, composeront des devoirs.

9.

Il est fort difficile de ne point manquer une seule leçon. En mathématiques, et même dans les autres matières, une leçon omise, le fil est perdu. L'étudiant consulte le manuel et naturellement cette simple idée lui vient de ne point perdre inutilement son temps à prendre des notes, quand on peut faire aussi bien avec le manuel ou les notes d'un autre.

En mathématiques et ailleurs, ce que tout maître doit savoir, — suivre constamment les démonstrations et les corollaires — un élève ne le peut, si le maître ne cherche pas à se montrer détaillé, clair et entraînant. Assez souvent, chez l'élève, survient une minute d'obscurcissement ou de distraction; il a besoin de demander comment, pourquoi, ce qu'il y avait avant; le fil est perdu, et le professeur est déjà loin.

Le principal souci des étudiants (et je parle maintenant des meilleurs) est de se procurer

les notes ou le manuel qui les prépareront à
l'examen. La plupart viennent au cours soit
parce qu'ils n'ont rien autre à faire, et que,
dans les premiers temps, ils ne s'y ennuient
pas encore, soit pour faire plaisir au professeur, soit, en de rares cas, par mode, lorsque l'un des cent professeurs devient populaire, et qu'il est de bon ton, parmi les
étudiants, de fréquenter ses cours. Presque
toujours, au point de vue des étudiants, les
cours constituent une vaine formalité, nécessaire uniquement en vue de l'examen. Les
trois quarts d'entre eux, durant le cours,
s'occupent, non du cours, mais de matières
étrangères, dont le programme se détermine
par le cercle où tombent les étudiants. Les
leçons sont pour eux ce qu'est pour le soldat
l'étude; l'examen, comme la revue, — une
ennuyeuse corvée.

Le programme, tel que le cercle le détermine, est peu varié dans ces derniers temps.

C'est, le plus souvent, la lecture et le commentaire des anciens articles de Biélinsky, et des articles récents de Tchernischevsky, d'Antonovitch, de Pissarev; c'est, de plus, la lecture de livres nouveaux, qui ont un succès retentissant en Europe, sans le moindre lien avec les matières du cours : Lewis, Bokl, etc. La principale occupation, c'est de lire les livres interdits et d'en faire des copies : Feïerbach, Moleschott, Buchner, et surtout Hertzen et Ogarev. On les copie, non point suivant leurs qualités, mais suivant qu'ils sont plus ou moins rigoureusement interdits.

J'ai vu, chez des étudiants, un amoncellement de livres copiés, plus volumineux sans comparaison que ne le serait le cours entier d'enseignement des quatre années, et, parmi ces cahiers, les copies des pires poèmes de Pouchkine, et des poèmes les plus plats, les plus incolores de Riléïev

Encore une de leurs occupations. Ils s'assemblent pour causer des matières les plus variées et les plus sérieuses, par exemple la restauration de l'indépendance de la Petite-Russie, la propagation de l'écriture et de la lecture dans le peuple, la combinaison d'un tour du métier contre le professeur ou l'inspecteur, tour qui s'appelle « demande d'explications », la fusion des deux cercles, l'aristocratique et le plébéien, etc.

Tout cela est parfois drôle, mais souvent gentil, touchant, poétique, ce qui est assez le fait de la jeunesse oisive. Mais les jeunes gens qu'absorbent de pareilles occupations sont, il ne faut pas l'oublier, des fils de nobles, propriétaires d'un petit domaine, ou de marchands de la troisième catégorie, que leurs pères ont mis là dans l'espérance de s'en faire des auxiliaires, les uns, pour les aider à exploiter leur petit domaine, les autres pour les aider à tenir plus régulièrement et plus avantageusement leur commerce.

Dans ces cercles, voici les opinions qui ont cours sur les professeurs :

— Celui-ci est un parfait imbécile, quoique travailleur, dit-on de l'un.

— Celui-là est en arrière de la science, quoique assez capable.

— Ce troisième est sensible aux cadeaux, et ne reçoit que ceux qui lui rendent service.

— Ce quatrième — la risée du genre humain. Voilà trente ans de suite qu'il lit ses notes écrites dans une langue informe...

Heureuse l'université où, sur cinquante professeurs, il s'en rencontre, ne fut-ce qu'un seul, qui possède l'estime et l'affection des étudiants !

XIII

Jadis, quand il y avait des examens de passage, chaque année ramenait, non point l'étude des matières, mais l'ingestion des notes apprises par cœur. Aujourd'hui, une pareille ingestion se produit deux fois seulement : en passant du cours de seconde année au cours de troisième, et avant la sortie. Le tirage au sort, qui jadis se faisait quatre fois pendant la durée des cours, ne se fait plus aujourd'hui que deux fois.

Partout où règnent les examens avec leur organisation normale, — examens de passage ou de sortie, c'est tout un — règnent

et la stupide nécessité d'apprendre par cœur,
et la loterie, et l'arbitraire du professeur, et
les subterfuges des étudiants.

Je ne sais pas comment les organisateurs
des universités envisagent les examens, mais
le bon sens démontre, et j'ai reconnu, et
beaucoup, beaucoup l'ont reconnu comme
moi, que les examens ne sauraient être pris
pour la mesure du savoir, qu'ils ne font
qu'ouvrir le champ à l'arbitraire grossier
du professeur et aux grossiers subterfuges
des étudiants.

J'ai passé trois examens dans ma vie.

La première année, pour le passage du
premier au second cours, j'échouai auprès
du professeur d'histoire russe, qui s'était
brouillé un peu auparavant avec les miens,
bien que je n'eusse pas manqué une seule
leçon, et malgré ma connaissance de l'histoire russe ; en outre, le même professeur
m'infligea un 1 pour l'allemand, que je con-

naissais incomparablement mieux que tous les étudiants de notre cours.

L'année suivante j'eus 5[1] pour l'histoire russe, parce que, à la suite d'une discussion avec un étudiant de mes amis, doué d'une meilleure mémoire, nous avions appris par cœur une seule question, et qu'à l'examen je tombai, pour ma part, précisément sur la question que j'avais ainsi apprise, — je m'en souviens encore à présent — la biographie de Mazeppa. C'était en 1845.

En 1848, je me présentai au baccalauréat devant l'université de Pétersbourg. Je ne savais absolument rien ; je ne commençai à me préparer sérieusement qu'une semaine avant l'examen. Je passais des nuits sans dormir ; et je fus reçu bachelier en droit civil et en droit pénal sans avoir consacré à

---

[1] La note 5 est la plus haute note dans les écoles de Russie.

chaque faculté plus d'une semaine de préparation.

Dans le cours de la présente année
de 1862, j'ai connu des étudiants qui avaient
fini leurs études et qui, eux aussi, se met-
taient à leurs matières une semaine avant
l'examen. Cette même année, je sais que des
étudiants du quatrième cours ont contrefait
des billets; je sais qu'un professeur a donné
3 au lieu de 5 à un étudiant qui s'était permis de sourire. Le professeur lui dit :

— Nous avons le droit de sourire, mais
vous, non.

Et il lui mit 3.

J'espère que personne ne considérera les
cas précités comme des exceptions. Quiconque connaît les universités sait que ces cas
constituent, non l'exception, mais la règle,
et qu'il n'en peut être autrement. Que si
quelqu'un en doutait, nous pourrions lui citer des millions d'exemples. On en trouverait

de probants, et signés en toutes lettres au
ministère de l'instruction publique, comme
aux ministères de l'intérieur et de la justice. Ce qui se faisait en 1848, se fait
en 1862, et se fera en 1872, et tant que
l'organisation restera la même.

La suppression des uniformes et des examens de passage ne nous vaut pas le plus
petit brin de liberté : ce sont morceaux
neufs sur un vieil habit, qui ne font que
détruire le vieil habit. On ne verse point le
vin nouveau dans de vieilles outres.

XIV

Je pense bien que même les défenseurs des universités vont me dire:

— Oui, c'est vrai, ou vrai en partie. Mais vous oubliez qu'il y a des étudiants qui suivent assidûment les leçons, et pour lesquels les examens ne sont pas du tout nécessaires; et surtout vous oubliez l'influence instructive des universités.

Non je n'oublie ni ceci ni cela. Des étudiants qui travaillent en toute indépendance, je dirai qu'ils n'ont pas besoin d'universités ainsi organisées, qu'ils n'ont besoin que de manuels, d'une bibliothèque, et d'entretiens avec des guides, et non de leçons qu'ils

pourraient entendre. Même pour cette minorité, je ne crois pas que les universités
leur donne un savoir qui réponde à leur
milieu, à moins toutefois qu'ils ne veuillent
devenir littérateurs ou professeurs. Mais
surtout cette minorité finira par tomber
sous l'influence prétendue instructive et que
j'appelle, moi, l'influence corruptrice des
universités.

Quant à la seconde objection, à cette
influence instructive des universités, elle
appartient à la catégorie de ces propositions
qui sont basées sur la foi et qu'il faut avant
tout démontrer. Qui donc a démontré, et
comment, que les universités jouissent de
cette influence instructive ? D'où vient cette
mystérieuse influence instructive ? Il n'existe
point de communauté entre les professeurs,
dès lors, rien de cette confiance et de cette
affection qui résultent de la communauté ;
entre eux, dans la plupart des cas, ce n'est

qu'éloignement et méfiance. Quelque chose
de neuf, quelque chose que les étudiants ne
peuvent pas apprendre par les livres, ils ne
l'apprendront pas des professeurs.

L'influence instructive se trouve donc
dans la réunion de jeunes gens occupés
d'un même objet ? Sans doute, mais ils sont
absorbés, pour la plupart, non point par la
science, comme vous le croyez, mais par la
préparation de l'examen, par le souci de
tromper le professeur, de jouer au libéralisme, et par tout ce qui préoccupe ordinai-
rement des êtres détachés de leur milieu,
de leur famille, et réunis artificiellement
par l'esprit de camaraderie, érigé en principe jusqu'à devenir de l'orgueil et de la
présomption. Je ne parle pas des étudiants
qui vivent dans les familles, ils subissent
moins l'influence instructive, c'est-à-dire
délétère de leurs camarades ; je ne parle pas
non plus de ces rares jeunes gens qui

adonnés dès l'enfance à l'étude, ne cessent jamais de travailler et ne tombent pas non plus sous cette influence.

Et en effet tous se préparent pour la vie, pour la peine ; chaque travail exige, en dehors d'une longue pratique, de l'ordre, de la régularité, et surtout la science de la vie et des hommes. Regardez comme le fils du paysan s'habitue à devenir propriétaire ; le fils du sacristain, en lisant au chœur, sacristain ; le fils de l'éleveur, — kirghis — éleveur. Dès leurs plus jeunes ans, ils sont déjà en relations directes avec la vie, la nature et les hommes ; dès leurs plus jeunes ans, ils étudient avec fruit, en travaillant, et ils étudient assurés de la vie matérielle, c'est-à-dire assurés d'un morceau de pain, d'un vêtement et d'un logis.

Et regardez l'étudiant, arraché à sa maison, à sa famille, jeté dans une ville inconnue et remplie de séductions pour sa jeunesse, sans ressources matérielles (parce que les pensions réglées par les parents sur le strict nécessaire se dépensent en menus plaisirs, dans un cercle de camarades qui, par leur société, ne font qu'augmenter ses besoins, sans guides, sans but, se désintéressant du vieux sans s'attacher au neuf. Voilà, sauf de rares exceptions, la situation d'un étudiant. Il advient d'eux ce qu'il en doit advenir : ou des tchinovniks utiles au gouvernement seul, ou des tchinovniks-professeurs, ou des tchinovniks-littérateurs utiles au public, ou des êtres arrachés sans profit de leur milieu précédent, mêlés à une jeunesse pervertie, et qui ne trouveront point pour eux une place dans la vie, et qu'on appelle des gens d'*instruction universitaire*, développés, c'est-à-dire aigris, malades, mécontents.

L'université est notre premier et principal établissement d'éducation. C'est elle, la première, qui s'arroge le droit d'éducation, e

c'est elle, la première, qui, par les résultats
qu'elle obtient, démontre l'illégitimité et
l'impossibilité de son éducation. C'est uniquement au point de vue public qu'on peut
justifier les fruits de l'université. Elle prépare, non les esprits dont a besoin le genre
humain, mais les esprits dont a besoin une
société pervertie.

XV

Les études sont terminées. Je suppose que mon élève imaginaire est l'un des meilleurs sous tous les rapports. Il arrive dans sa famille. Tous sont des étrangers pour lui, — et le père, et la mère, et les parents. Il ne croit pas ce qu'ils croient, il ne désire pas ce qu'ils désirent, il ne prie pas leur Dieu, mais d'autres idoles. Le père et la mère sont déçus ; le fils cherche souvent à se fondre avec eux dans la vie de famille, mais il ne le peut déjà plus.

Ce que je dis là n'est point une manière de parler, ni une fantaisie. Je connais beaucoup d'étudiants qui, rentrés dans leur famille, offensent bien des fois les croyances de leurs parents, et sur presque tous les points — sur le mariage, sur l'honneur, sur le commerce — diffèrent absolument d'opinion avec les leurs.

Mais quoi ! c'est fait ; et les parents se consolent par la pensée que le siècle est tel *aujourd'hui*, telle l'instruction *actuelle* ; que si leur fils est sorti de leur milieu, il saura du moins se faire sa carrière, trouver des ressources pour subsister, les secourir même, et vivra heureux à sa façon.

Malheureusement, neuf fois sur dix, les parents se trompent. Ses études finies, l'étudiant ne sait où donner de la tête. Chose étrange ! ces connaissances qu'il a acquises ne servent à personne, personne n'en veut rien donner. Il n'en trouve emploi que dans la littérature et la pédagogie, c'est-à-dire dans la science de former des êtres aussi inutiles que lui.

Chose étrange ! l'instruction est rare en Russie, donc elle devrait être cotée à haut prix. En fait, c'est le contraire qui arrive. Nous avons besoin de mécaniciens, nous en manquons ; et on en fait venir de toute l'Europe et on les paye cher. Mais pourquoi les gens instruits par l'université (nous avons peu de gens vraiment instruits) prétendent-ils qu'on a besoin d'eux, alors que nous n'en faisons pas le moindre cas, et qu'ils ne savent pas même où trouver un abri ? Pourquoi l'homme qui vient de terminer son apprentissage chez un charpentier, un maçon, un stucateur, reçoit-il aussitôt et partout de quinze à dix-sept roubles par mois, s'il est ouvrier, et vingt-cinq roubles par mois s'il est contre-maître, — alors que l'étudiant s'estime heureux d'en gagner dix (j'excepte la littérature et l'administration, je parle de ce que peut gagner un étudiant qui travaille de ses mains) ? Pourquoi les pomestchiks, qui ont maintenant leurs terres à faire valoir, payent-ils de trois cents à cinq cents roubles aux moujiks-starostes, et deux cents roubles tout au plus aux étudiants en droit, en histoire naturelle? Pourquoi, dans les chemins de fer, les moujiks dirigent-ils des milliers d'ouvriers, et non pas les étudiants? Pourquoi, lorsqu'un étudiant obtient une place avec de bons appointements, l'obtient-il grâce non point à ses connaissances acquises à l'université, mais à ses connaissances acquises depuis? Pourquoi les étudiants en droit deviennent-ils des officiers, et les étudiants en mathématiques et en histoire naturelle des tchinovniks? Pourquoi le laboureur, après avoir passé l'année dans l'aisance, rapporte-t-il au logis cinquante à soixante roubles, et l'étudiant, en végétant toute l'année, laisse-t-il cent roubles de dettes? Pourquoi paye-t-on à l'instituteur populaire huit, neuf, dix roubles par mois, qu'il sorte des sacristains

10.

ou de l'université? Pourquoi le marchand ne prend-il point pour employé, ne marie-t-il pas à sa fille, ne reçoit-il pas chez lui l'étudiant, mais le fils de paysans?

— C'est parce que, me dira-t-on, la société ne sait pas encore apprécier l'instruction à son prix, parce que l'étudiant-instituteur ne commencera point par tromper les ouvriers, il ne les liera point par des arrhes, parce que l'étudiant-marchand ne vendra pas à faux poids, parce que les résultats de l'instruction sont moins sensibles que les résultats de la routine et de l'ignorance.

— Tout cela peut être, répondrai-je, quoique l'observation me démontre le contraire. L'étudiant, ou bien n'est pas capable de mener une affaire ni honnêtement, ni malhonnêtement, ou bien, s'il en est capable, il la mène selon sa nature, selon cet accord général des habitudes morales que la vie a élaboré en lui en dehors de l'école. Je con-

mais autant d'étudiants qui sont d'honnêtes
gens, que d'honnêtes gens qui ne sont pas
des étudiants, et réciproquement. Mais supposons même que l'instruction universitaire
développe dans l'homme le sentiment de
l'équité, et que ce soit pour cette raison que
les illettrés préfèrent aux étudiants des illettrés comme eux, et les apprécient plus que
les étudiants. Supposons qu'il en soit ainsi ;
pourquoi alors nous autres, les gens d'instruction et de ressources, nobles, littérateurs, professeurs, pourquoi ne pouvons-
nous pas employer les étudiants, en dehors
des services publics ? Je ne parle point de
ces services, parce que le traitement qu'on
y reçoit ne peut pas être pris pour mesure
du mérite et du savoir. Chacun sait que
l'étudiant, l'officier retraité, le pomestchik
ruiné, l'étranger, et tant d'autres, dès qu'ils
en sont réduits à chercher de quoi vivre,
partent pour la capitale et, suivant leurs

relations ou leurs besoins, obtiennent une
place dans l'administration, ou, s'ils ne l'obtiennent pas, se jugent lésés. C'est pour cela
que je ne parle point des traitements ; mais
je demande pourquoi le même professeur
qui a donné l'instruction aux étudiants, paye
quinze roubles par mois à un dvornik, vingt
roubles au charpentier, et, aux étudiants
qui viennent le trouver, dit qu'il regrette
beaucoup de ne pouvoir leur donner une
place, qu'il ne peut que *les recommander* à
des tchinovniks, ou leur offre dix roubles
pour lui copier ou corriger un ouvrage qui
va paraître, leur proposant ainsi un emploi
où suffiront les connaissances acquises par
eux à l'école de district, — à savoir l'écriture. Mais des places où le droit romain, la
littérature grecque, le calcul intégral trouveraient leur application, il n'en existe
point, il ne saurait en exister.

XVI

Donc, dans la plupart des cas, le fils revenu de l'université chez son père ne réalise pas les espérances de ses parents, et pour ne pas leur être à charge, il doit accepter un emploi où l'écriture suffit, et où il se trouve en concurrence avec tous les Russes sachant écrire et lire. Il lui reste un avantage, le grade, mais seulement pour le service public, où les relations et d'autres conditions ont une grande importance; l'autre avantage, c'est le libéralisme, qui ne s'applique à rien. Il me semble que la proportion des élèves de l'université qui, en dehors du ser-

vice public, occupent des places bien rétri-
buées sera infiniment petite. D'exacts ren-
seignements statistiques sur les professions
des étudiants sortis de l'université seraient
d'une précieuse utilité pour la science de
l'instruction, et, j'en suis convaincu, prou-
veraient mathématiquement cette vérité que
j'essaye d'établir sur des suppositions et sur
les données existantes, à savoir que les gens
d'instruction universitaire sont peu nécessaires, et qu'ils dirigent leur activité surtout vers la littérature et la pédagogie, c'est-
à-dire le recommencement de ce même
cercle éternel de l'instruction, de ces mêmes
êtres inutiles dans la vie.

Mais je n'ai point prévu l'objection, ou
plutôt la mine d'objections qui se présente
naturellement à l'esprit de la plupart de mes
lecteurs.

Pourquoi cette même instruction supérieure qui donne de si fructueux résultats

en Europe ne serait-elle pas applicable chez nous? Les sociétés européennes sont plus instruites que la société russe; pourquoi la société russe ne prendrait-elle pas la voie par où passèrent les peuples de l'Europe?

Cette objection serait irréfutable s'il était prouvé, premièrement, que la voie par où passèrent les peuples de l'Europe est la meilleure; secondement, que le genre humain passe tout entier par la même voie; et troisièmement que notre instruction est greffée sur le peuple.

Tout l'Orient s'est instruit et s'instruit par de tout autres voies que le monde européen. S'il est prouvé qu'un jeune loup, un jeune chien, nourris de chair, atteignent par ce moyen leur complet développement, ai-je le droit de conclure que, en élevant un poulain ou un levreau, je ne saurais les amener à leur complet développement qu'au moyen de la chair ? Est-ce que, de ces expériences opposées, je pourrais finalement conclure que, pour élever un jeune ours, il a besoin soit de chair, soit d'avoine ? L'observation me montrerait qu'il a besoin et de l'une et de l'autre. Et s'il me semble plus naturel que la viande forme la viande, si mes expériences antérieures confirment ma supposition, je ne peux pourtant pas continuer à donner de la chair au poulain, s'il la rejette chaque fois, si son organisme refuse d'assimiler cette nourriture.

Le même phénomène se produit avec l'instruction européenne, tant dans sa forme que dans son contenu, importée sur notre sol. L'organisme du peuple russe ne se l'assimile pas ; il y faut ajouter quelque autre nourriture qui soutienne son organisme, car cet organisme vit. Cette nourriture ne nous semble pas plus assimilable que l'herbe pour le carnivore, mais l'évolution historico-

physiologique ne s'en fait pas moins, et
cette nourriture reniée par nous finit par
s'assimiler dans l'organisme du peuple, et
le grand animal s'endurcit et grandit.

XVII

En résumant tout ce que nous avons dit plus haut, nous arrivons aux conclusions suivantes :

1° L'instruction et l'éducation sont deux notions distinctes ;

2° L'instruction est libre, et, partant, légitime et juste ; l'éducation est forcée, et, partant, illégitime et injuste ; elle ne peut se justifier par la raison et, partant, elle ne peut faire l'objet de la pédagogie.

3° L'éducation, en tant que phénomène, a son origine : a) dans la famille ; b) dans la religion ; c) dans le gouvernement ; d) dans la société.

4° Les trois premiers fondements de
l'éducation — famille, religion, gouvernement — sont naturels et se justifient par la
nécessité ; mais l'éducation publique n'a
d'autre base que l'exagération de l'orgueil
humain et par suite donne les plus funestes
résultats, comme les universités et l'instruction universitaire.

XVIII

C'est maintenant seulement, après avoir exposé nos vues sur l'instruction et l'éducation, et déterminé leurs limites respectives, que nous pouvons répondre aux questions posées par M. Glebov dans le journal l'*Éducation*, 1862, n° 3, questions qui se présentent tout d'abord et naturellement dans une enquête sérieuse sur l'instruction :

1° *Que doit être l'école, si elle ne doit pas intervenir dans l'éducation?*

2° *Que signifie la non-intervention de l'école dans l'éducation?*

Et 3° *Est-il possible de séparer l'éducation de l'enseignement, surtout l'enseignement élé-*

mentaire, alors que l'éducation est offerte à
de jeunes esprits, — même dans les écoles
supérieures ?

(Nous avons déjà expliqué que l'organisation des établissements supérieurs d'étude,
où l'éducation se trouve comprise, ne nous
sert nullement de modèle. Ces établissements supérieurs, non seulement nous les
condamnons à l'égal des écoles élémentaires
mais c'est en eux que nous voyons l'origine
de tout le mal.)

Pour répondre aux questions posées, nous
n'avons qu'à en intervertir l'ordre :

1° Que signifie la non-intervention de
l'école dans l'éducation ?

2° Une pareille non-intervention est-elle
possible ?

Et 3° Que doit être l'école, si elle n'intervient pas dans l'éducation ?

Pour éviter tout malentendu, je dois expliquer d'abord ce que j'entends par le mot

école. Par ce mot, je n'entends point la maison où l'on étudie, ni les instituteurs, ni les élèves, ni une certaine tendance de l'enseignement. Par le mot *école*, compris dans son sens le plus large, j'entends l'*action consciente et voulue de celui qui instruit sur ceux qui s'instruisent*, c'est-à-dire une partie de l'instruction, sous quelque forme que cette action se manifeste : école, — la lecture des règlements militaires aux conscrits ; école, — la lecture des leçons publiques ; école, — la lecture du Coran dans les classes mahométanes ; école encore — la réunion d'un musée et son ouverture.

XIX

Je réponds à la première question. La non-intervention de l'école dans l'éducation signifie qu'elle n'intervient point dans la formation des croyances, des convictions et du caractère de celui qui s'instruit. Cette non-intervention s'obtient en laissant à qui s'instruit l'absolue liberté de recevoir à sa guise tel ou tel enseignement qui répond à ses besoins et à ses désirs, dans la mesure de ses besoins et de ses désirs, et de refuser tel ou tel enseignement dont il n'a pas besoin et dont il ne veut pas.

Les cours publics, les musées sont les meilleurs modèles des écoles qui n'interviennent point dans l'éducation.

Les universités sont les modèles des écoles qui interviennent dans l'éducation. Dans ces établissements, les élèves sont asservis à un cours déterminé, à un programme, à un corps de sciences choisies, ils sont liés par la nécessité des examens, et surtout par la réservation de leurs droits suivant les résultats des examens, ou, pour être plus juste, par la perte de leurs droits en cas d'inobservation des conditions prescrites. (L'étudiant de quatrième année qui se présente à l'examen se trouve sur le coup d'une des plus graves punitions, il est menacé de perdre le bénéfice de ses privations pendant dix ou douze ans de gymnase et d'université, avec les profits en vue desquels il a supporté ces privations.) Dans ces établissements, tout est imaginé de manière que l'élève, à peine

de châtiment, en arrive, sous couleur d'instruction, à se pénétrer de cet élément
d'éducation, à s'assimiler les croyances, les
convictions et le caractère qu'exigent les
fondateurs des universités.

Cet élément d'éducation forcée, qui consiste dans le choix exclusif d'un seul ordre
de sciences et dans la menace de punition,
est pour l'observateur sérieux aussi fort et
aussi évident ici que dans ces établissements
où l'on use de peines corporelles, et auxquels
les observateurs superficiels opposent l'université.

Au contraire, les cours publics, dont le
nombre s'accroît tous les jours en Europe et
en Amérique, non seulement ne réclament
pas l'attention à peine de châtiment, non
seulement n'imposent pas un cycle restreint
de connaissances, mais ils demandent à qui
s'instruit certains sacrifices qui prouvent,
au contraire des universités, la liberté abso-

11.

lue du choix et des fondements sur lesquels
ils se basent.

Voilà ce que c'est que l'intervention et la
non-intervention de l'école dans l'éducation.
Si l'on me dit qu'une pareille non-intervention, possible pour les établissements supérieurs et pour les adultes, ne l'est point pour
les écoles élémentaires et pour les enfants,
parce que nous n'en avons pas des exemples
sous les yeux, cours pour les enfants, etc.
je répondrai qu'à ne pas restreindre trop le
sens du mot école, qu'à l'entendre comme
nous l'avons déterminé ci-dessus, nous trou-
verons, pour le degré inférieur de la connaissance et pour le premier âge, beaucoup
d'influences instructives, libres sans intervention dans l'éducation, influences corres-
pondantes aux établissements supérieurs et
aux cours publics. Tel est l'enseignement
de l'écriture et de la lecture par les camarades et par les frères, tels sont les jeux

populaires enfantins, tels sont les spectacles
publics, théâtres, etc., tels sont les tableaux
et les livres, tels sont les contes et les chan-
sons, tels sont les travaux et tels enfin les
essais de l'école d'Yasnaïa Poliana.

XX

La réponse à la première question répond
aussi, en partie, à la seconde :

— Une pareille non-intervention est-elle
possible ?

Prouver théoriquement cette possibilité
ne se peut pas. La seule chose qui la con-
firme, c'est l'observation démontrant que
les gens qui n'ont pas à proprement parler
reçu d'éducation, c'est-à-dire qui ont été
exposés aux seules influences instructives
libres, — les gens du peuple, — sont plus
frais, plus forts, plus puissants, plus indépendants, plus justes, plus humains, et,

c'est le point capital, — plus nécessaires que les autres.

Mais peut-être, aux yeux de plusieurs, cette thèse réclame-t-elle des arguments. J'aurais beaucoup à dire là-dessus. Je ne citerai que ceci. Pourquoi, zoologiquement, l'éducation n'améliore-t-elle pas notre espèce? Par elle les espèces animales s'améliorent, par elle notre espèce va se gâtant et s'affaiblissant. Prenez au hasard cent enfants de familles qui ont reçu l'éducation, et cent enfants du peuple qui ne l'ont pas reçue; comparez-les à tous les points de vue : force, adresse, esprit, intelligence, moralité même, vous serez frappé de la supériorité des enfants des familles qui n'ont pas reçu l'éducation, et cette supériorité sera d'autant plus grande que l'âge sera plus tendre, et inversement. C'est terrible à dire, par les conclusions qui en découlent, mais c'est ainsi.

Quant à démontrer absolument la possibilité de cette non-intervention dans les
écoles élémentaires aux gens qui ne trouvent
ni dans leur expérience personnelle ni dans
leur conscience la confirmation de cette
théorie, on ne le peut que par l'étude minu-
tieuse de ces influences libres qui président
à l'instruction du peuple, par un examen
approfondi, par une longue série d'expériences et de leurs comptes rendus.

XXI

Que doit être l'école, si elle n'intervient pas dans l'éducation?

L'école, comme nous l'avons dit plus haut, est l'action consciente et voulue de celui qui instruit sur ceux qui s'instruisent. Que doit-il faire pour ne point outrepasser les limites de l'instruction, c'est-à-dire de la liberté?

Je réponds : L'école doit avoir un seul but, — la transmission du savoir, de l'instruction, sans chercher à pénétrer dans le domaine moral des convictions, des croyances et du caractère ; mais ce but, c'est la science seule, et non point les résultats de son

action sur la personne humaine. L'école ne
doit pas chercher à prévoir les conséquences
que la science amène à sa suite, mais elle
doit, en la transmettant, laisser liberté complète quant à son application. L'école ne
doit pas imposer une seule science, un seul
corps de sciences ; elle doit transmettre
toutes les connaissances qu'elle possède, en
laissant à ceux qui s'instruisent la liberté de
les accepter ou de les refuser.

L'organisation et les programmes de
l'école doivent reposer, non point sur une
opinion théorique, non point sur la nécessité
prétendue de telle ou telle science, mais sur
la seule possibilité, c'est-à-dire sur les connaissances des instituteurs.

Je m'expliquerai par un exemple. Je désire fonder un établissement d'étude. Je ne
compose point un programme basé sur mes
opinions théoriques, je ne cherche point
des instituteurs pour réaliser ce programme ;

mais j'appelle quiconque se sent la vocation
de transmettre ses connaissances, à faire
les cours ou leçons qu'il peut.

Il va sans dire que l'expérience acquise
nous guidera dans le choix de ces leçons,
c'est-à-dire que nous ne chercherons point
tout d'abord à enseigner de ces matières
qu'on n'écoute pas volontiers ; nous ne
commencerons point, dans un village russe,
par parler de langue espagnole, d'astronomie ou de géographie, pas plus que dans
ce village le marchand n'ouvrira un maga-
sin de crinolines ou d'instruments de chi-
rurgie.

Nous pouvons prévoir qu'on nous deman-
dera ceci ou cela, mais notre juge définitif et
unique sera l'expérience ; et nous ne nous
trouvons pas le droit d'ouvrir une seule bouti-
que où nous ne vendrions le goudron qu'à la
condition qu'on nous prenne, pour dix
livres de goudron, une livre de gingembre

on de pommade. Nous n'avons point à nous préoccuper de l'emploi que les consommateurs feront de nos marchandises ; nous croyons qu'ils savent ce dont ils ont besoin, et c'est déjà un assez grand travail de deviner leurs besoins et d'y répondre.

Il est très possible de rencontrer un maître de zoologie, un maître d'histoire, un de religion et un de topographie. Si ces maîtres sont en état de faire des leçons intéressantes, ces leçons seront utiles, malgré leur discordance et malgré le hasard. Je ne crois point possible un corps harmonique de science, corps inventé théoriquement ; mais je crois que chaque science, enseignée librement, prend harmoniquement sa place dans le corps des connaissances de chaque homme.

On dira peut-être qu'un pareil hasard de programme peut introduire dans le cours des sciences inutiles, même nuisibles, et qu'on ne pourra pas enseigner un certain

nombre de sciences, les élèves n'étant point
suffisamment préparés.

A cela je répondrai : premièrement, qu'il
n'y a point de sciences nuisibles ni inutiles
à n'importe qui, et que le bon sens des
élèves et leurs besoins ne sauraient, l'étude
étant libre, admettre des sciences nuisibles
et inutiles, si même il en existait de telles ;
deuxièmement, qu'un mauvais maître a
besoin d'élèves préparés, mais qu'il est plus
aisé, pour un bon instituteur, de commencer
l'algèbre ou la géométrie analytique avec un
élève qui ne sait pas l'arithmétique qu'avec
un élève qui la sait mal, plus aisé d'enseigner
l'histoire du moyen âge aux élèves qui n'ont
pas appris l'ancienne par cœur. Je ne crois
pas que le professeur qui, enseignant à l'université l'intégral et le différentiel et l'histoire
du droit civil russe, serait hors d'état d'enseigner l'arithmétique et l'histoire russe à
l'école élémentaire, je ne crois pas qu'il

serait un bon professeur. Je ne vois point
l'utilité ni le mérite, ni même la possibilité
d'un bon enseignement restreint à une partie
d'une science. Je suis convaincu — et c'est
l'essentiel — que l'offre répondra toujours
à la demande, qu'on trouvera, pour chacun
des degrés de la science, un nombre suffi-
sant et d'élèves et de maîtres.

— Mais comment, me dira-t-on, celui qui
enseigne n'aurait-il point le désir de pro-
duire, par son enseignement, une certaine
action éducative ? Cette tendance est la plus
naturelle, c'est même une nécessité dans la
transmission de la science. Seule, cette
tendance donne au maître la force de remplir sa charge, et ce degré d'entraînement
dont il a besoin.

Cette tendance est impossible à nier, et
je n'ai jamais songé à la nier ; son existence
ne fait que me démontrer encore davantage
la nécessité de la liberté dans l'enseignement.

On ne peut pas empêcher l'homme qui aime et enseigne l'histoire de chercher à transmettre à ses élèves les théories historiques qu'il a, qu'il trouve utiles, nécessaires pour le développement de l'humanité, ni tel autre maître d'inculquer la méthode qu'il juge la meilleure pour l'étude des mathématiques, ou des sciences naturelles; au contraire, cette perspective d'un but d'éducation leur est un encouragement.

Mais, et c'est ici le nœud de la question, ce n'est point par la contrainte que la science peut transmettre l'élément d'éducation. Je ne saurais assez attirer l'attention du lecteur sur cette circonstance. L'élément d'éducation, par exemple, dans l'histoire, les mathématiques, se transmet alors seulement que le maître aime avec passion et connaît à fond son sujet; alors seulement cette passion se communique aux élèves et exerce sur eux une action éducative. Mais dans le cas contraire, c'est-à-dire quand rien n'indique si telle science exerce ou non une action éducative, et que les uns sont forcés de professer, les autres d'écouter, l'enseignement atteint un but absolument opposé, c'est-à-dire que non seulement il n'instruit pas, mais il détourne de la science.

On dit que la science contient en soi un élément d'éducation (*erziehliges Element*), cela est juste et cela est faux, et c'est de là que provient l'erreur fondamentale de l'opinion paradoxale qui a cours sur l'éducation. La science est la science et ne contient rien autre chose en soi. Mais l'élément d'éducation se fait jour dans l'enseignement de la science, dans la passion du maître pour la science, dans son enthousiasme à la transmettre, dans les rapports du maître avec l'élève.

Veux-tu élever les enfants ? aime ta science et sache-la, et les élèves t'aimeront, ils aime-

*pour la science, et tu les élèveras. Mais si tu
ne l'aimes pas toi-même, que tu les contraignes
ou non, la science ne produira point sur eux
d'action éducative.*

Et ici encore, la commune mesure, une
seule voie de salut, — la même liberté laissée
aux élèves d'écouter ou non le maître, d'accepter ou non son action éducative ; c'est-à-
dire qu'à eux seuls appartient de décider
s'il connaît et s'il aime sa science.

Donc, que sera l'école si elle n'intervient
pas dans l'éducation ? L'action variée, consciente, infatigable d'un homme sur un autre
dans le but de transmettre le savoir, sans
forcer celui qui s'instruit, ni par une contrainte directe, ni par la ruse, d'accepter ce
que nous voulons.

L'école ne sera plus, peut-être, telle que
nous la comprenons, avec des planches,
des bancs, des chaires ; ce sera peut-être
un théâtre, une bibliothèque, un musée,

un entretien ; partout les corps de sciences, les programmes, se composeront peut-être tout autrement. (Je sais seulement ce qu'a donné mon expérience : l'école d'Yasnaïa Poliana, avec la subdivision des matières que j'ai décrite ailleurs, et que j'établis en partie sur les demandes des élèves et des parents, en partie pour remédier aux insuffisantes connaissances des maîtres, — cette école en six mois se métamorphosa et prit un tout autre aspect.)

XXII

— Mais qu'est-ce que nous devons faire ?
Est-il possible qu'il n'y ait plus d'écoles de
district, qu'il n'y ait plus de gymnases, qu'il
n'y ait plus de chaire d'histoire du droit
romain ? Que deviendrait alors le genre
humain ? entends-je dire.

Non, il n'y en aura plus, si les élèves
n'en ont pas besoin, car vous ne sauriez en
avoir de bons.

— Mais les enfants ne savent pas toujours
ce dont ils ont besoin, les enfants se trompent,
etc., entends-je dire.

Je ne veux point entrer dans une semblable discussion. Elle nous amènerait à la

question : la nature de l'homme a-t-elle raison devant la justice de l'homme? etc. Je
l'ignore et ne veux point entrer dans cet
ordre d'idées ; je dis seulement que si nous
pouvons savoir ce qu'il faut enseigner, alors
ne m'empêchez pas d'enseigner de force aux
enfants russes la langue française, la généa-
logie et l'art de voler. Je m'appuierai sur les
mêmes arguments que vous.

— Et alors, entends-je dire encore,
plus de gymnases, plus de latin? Que
devenir?

N'ayez peur, le latin vivra, et la rhéto-
rique, une centaine d'années encore, et ce,
par l'unique raison que, la potion achetée,
il faut la boire (comme disait un malade) À
peine même si dans cent ans l'idée que
j'exprime ici sans assez de clarté, peut-être
ni de persuasion, ni d'adresse, sera-t-elle
dans le domaine public : à peine si, dans
cent ans, tous ces établissements actuels

écoles, gymnases, universités, auront fait
leur temps de service, à peine si grandiront
librement alors les établissements fondés
sur la liberté des générations à instruire.

III

LES MÉTHODES D'ÉCRITURE
ET DE LECTURE

I

Nombre de gens aujourd'hui s'occupent
très sérieusement de chercher, d'emprunter
ou d'imaginer la meilleure méthode d'enseignement de l'écriture et de la lecture ; et
beaucoup même l'ont inventée et trouvée,
cette meilleure méthode. Il arrive assez souvent, dans la littérature et dans la vie, qu'on
nous pose cette question :

— D'après quelle méthode enseignez-
vous?

Il faut avouer cependant que cette demande
part le plus souvent soit de gens fort peu
instruits qui, depuis longtemps, s'occupent,
comme d'un métier, de l'enseignement de

l'enfance ; soit de gens qui, du fond de leur
cabinet, s'intéressent à l'instruction publique, toujours prêts même à lui consacrer
un petit article ou à recueillir une souscrip-
tion pour faire imprimer un alphabet de la
meilleure méthode ; soit enfin de gens qui
ne se mêlent pas du tout d'enseignement, —
du public, qui répète ce que dit le plus
grand nombre. Les personnes qui ont vraiment l'affaire à cœur et qui sont vraiment instruites ne posent point de pareilles questions.

Tout le monde admet, comme une vérité
indiscutable, que le problème de l'école
populaire réside dans l'enseignement de
l'écriture et de la lecture, que c'est là le
premier degré de l'instruction et qu'il est
donc nécessaire de trouver la meilleure
méthode de cet enseignement. L'un vous
dira que la méthode des sons est excellente,
l'autre assure que celle de Zolotovsky est pré-
férable, le troisième en sait une meilleure

encore, celle de Lancaster, etc. Il n'y a que
les paresseux qui ne se moquent point de
la méthode d'enseignement par « *bouki-
ai — ba !* », et tout le monde est persuadé que,
pour propager l'instruction dans le peuple,
il suffit de se procurer la meilleure méthode,
de sacrifier trois roubles, de louer un local
avec un instituteur, ou de consacrer soi-
même quelques-uns de ses loisirs — le dimanche, entre la messe et les visites, — à l'enseignement du pauvre peuple qui se meurt
dans l'ignorance, — et l'affaire est faite.

Des personnes intelligentes, instruites,
riches, s'assemblent; dans la tête de l'une
d'elles germe une grande et heureuse idée :
combler de bienfaits ce misérable peuple
russe. « Allons ! » Tous consentent ; une
société se forme, dont le but est l'instruction
populaire, l'impression de bons livres à bon

_____

Les premières épellations russes, comme notre *be-a =
ba.*

marché pour le peuple, l'établissement d'é-
coles, l'encouragement aux instituteurs, etc.
Un règlement est rédigé, les dames s'en
mêlent, toutes les formalités requises s'ac-
complissent et la société commence à fonctionner.

Imprimer de bons livres pour le peuple !
chose simple et facile, il semble, comme
toutes les grandes idées. Une seule difficulté : il n'existe pas de bons livres pour le
peuple, non seulement chez nous, mais en
Europe. Pour imprimer de tels livres il
faut d'abord les faire ; mais pas un des
membres bienfaiteurs qui se soucie de ce
travail. Avec les roubles recueillis, la société
charge quelqu'un d'écrire ou de choisir et
de traduire (c'est bien facile de choisir) les
meilleurs ouvrages de la littérature populaire d'Europe, et le peuple sera heureux, il
marchera à grands pas vers l'instruction, et
la société sera satisfaite.

Quant à l'autre face de la question, la société agit de la même manière. Un petit nombre de ses membres, imbus de l'esprit de sacrifice, consacrent leurs précieux loisirs à l'enseignement du peuple (cette circonstance, que ceux-là n'ont jamais lu un seul livre pédagogique, ni vu d'autre école que celles où ils étudièrent eux-mêmes, — cette circonstance ne se prend pas en considération). Les autres encouragent les écoles. De nouveau cela semble bien simple ; et de nouveau surgit une difficulté imprévue, à savoir qu'il n'y a pas un autre moyen de coopérer à l'instruction que d'enseigner soi-même et de se vouer exclusivement à cette tâche.

Mais les sociétés de bienfaisance et les particuliers ferment les yeux sur cette difficulté. Ils poursuivent leurs exploits sur la lice de l'instruction publique, et continuent à se montrer très satisfaits.

Ce phénomène est amusant et peu dangereux en ce sens que le fonctionnement de ces sociétés ne touche pas le peuple ; mais il est, d'autre part, nuisible, en troublant encore plus l'opinion déjà hésitante sur l'instruction publique. Les causes de ce phénomène peuvent être cherchées en partie dans l'état d'inquiétude de notre société, en partie dans la tendance innée en l'homme qui lui montre, dans toute idée généreuse, un jeu pour sa vanité et son oisiveté. Mais la raison fondamentale en est, il nous semble, dans un grand malentendu sur ce que sont l'écriture et la lecture, dont la propagation est le but visé par tous les éducateurs du peuple, et qui ont provoqué chez nous des discussions singulières.

L'écriture et la lecture, ces notions qui
n'existent pas chez nous seuls, mais sont
communes à toute l'Europe, sont partout
considérées comme le programme de l'école
élémentaire du peuple : *lesen und schreiben,*
lire et écrire, reading and writing. Mais
qu'est-ce que l'écriture et la lecture,
et quel rapport ont-elles avec le premier
degré de l'instruction ? Écriture et lecture,
l'art de composer les mots par des signes
convenus et de les figurer, l'art de composer les mots par les mêmes signes et de
les articuler. Mais qu'y a-t-il de commun
entre l'écriture et l'écriture d'une part, et

l'instruction de l'autre ? L'écriture et la lecture, c'est un certain art (*Fertigkeit*) ; l'instruction, c'est la science des faits et de leurs
rapports.

Mais peut-être cet art de composer les
mots est-il nécessaire pour initier l'homme
au premier degré de l'instruction, et n'existe-
t-il pour cela aucune autre voie? Nous ne
voyons rien de pareil ; nous voyons même
souventes fois, tout le contraire, si, en par-
lant de l'instruction, nous comprenons, non
point seulement celle de l'école, mais encore
celle de la vie. Parmi les moins instruits,
nous voyons que la connaissance ou l'ignorance de l'écriture et de la lecture n'influent
en rien sur le degré de leur instruction.
Nous voyons des gens qui, connaissant à
fond les choses de l'agriculture, et aussi
nombre de leurs rapports entre elles, ne
savent ni écrire ni lire ; et aussi d'excellents
instructeurs militaires, des surveillants de

travaux, des artisans, des entrepreneurs, ou simplement des gens à qui la vie apprit force connaissances avec un jugement sain, fruit de leur expérience, lesquels ne savent pas davantage écrire et lire. Et, inversement, nous en voyons qui, sachant l'écriture et la lecture, n'ont dû à cet art (Fertigkeit) aucune autre connaissance. Quiconque étudiera sérieusement l'instruction populaire non seulement en Russie, mais en Europe, sera, quoi qu'il en ait, convaincu que le peuple s'instruit en dehors de l'écriture et de la lecture, lesquelles, à de rares exceptions près, demeurent un art sans applications dans la plupart des cas, même un art nuisible : nuisible, parce que rien dans la vie ne saurait rester indifférent. Quand cet art de l'écriture et de la lecture ne correspond à rien, qu'il est inutile, — il est nuisible.

Mais peut-être un certain degré d'instruc-

tion, plus élevé que dans les exemples d'instruction illettrée que nous avons cités, est-
il impossible sans l'écriture et la lecture?
C'est bien possible, mais nous ne le savons
pas, et nous n'avons aucune raison de le
supposer pour l'instruction de la génération
future. Ce qui seul est impossible, c'est ce
degré d'instruction que nous avons, et en
dehors duquel nous ne pouvons ni ne voulons rien imaginer d'autre. Nous avons un
type d'école d'écriture et de lecture qui constitue, à notre sens, la pierre angulaire de
l'instruction, et nous ne voulons point
admettre ces degrés de l'instruction qui
existent non point plus bas, mais tout à fait
en dehors et indépendamment de notre
école.

Nous disons : tous ceux qui ne savent ni
écrire ni lire sont également ignorants; pour
nous, ce sont des scythes. L'enseignement
commence nécessairement par l'écriture et

la lecture, et, bon gré mal gré, nous initions par cette voie le peuple à notre instruction. Pour moi, avec le genre d'instruction que je possède, il me serait agréable de me ranger à cet avis ; je suis même convaincu que l'écriture et la lecture est la condition nécessaire d'un certain degré d'instruction ; mais je ne saurais être sûr que mon instruction est bonne, que la voie est droite où marche la science ; surtout je ne puis pas négliger les trois quarts du genre humain qui s'instruisent sans le secours de l'écriture et de la lecture.

Si nous voulons véritablement instruire le peuple, c'est à lui qu'il faut demander comment il s'instruit, et quels sont pour cela les moyens qu'il préfère. Mais si nous voulons trouver le commencement, le premier degré de l'instruction, pourquoi le chercher dans l'écriture et la lecture ? Pourquoi ne pas approfondir ? Pourquoi s'arrêter à

un seul des innombrables moyens d'enseignement, et y voir l'alpha et l'oméga de l'instruction, tandis qu'il en est seulement une des
circonstances accidentelles et de peu d'importance?

III

En Europe, depuis longtemps déjà, on apprend à écrire et à lire ; mais il n'existe pas de littérature populaire, c'est-à-dire que nulle part le peuple — la classe des gens qui s'occupent exclusivement du travail manuel — ne lit des livres. Il semble que ce phénomène mériterait l'attention et quelques éclaircissements ; mais au contraire on s'imagine remédier à la chose en se bornant à continuer l'enseignement de l'écriture et de la lecture.

Tous les problèmes de la vie apparaissent simples et se résolvent avec une extrême facilité en théorie ; mais, dans la pratique,

ces problèmes si faciles se révèlent inso-
lubles, et se compliquent de milliers d'autres
infiniment délicats. Il semble si aisé d'instruire le peuple! Lui enseigner, même par
force, l'écriture et la lecture, lui donner de
bons livres, et c'est assez. Mais en réalité
il en va tout autrement. Le peuple ne veut
pas apprendre à écrire et à lire. Eh bien!
on peut l'y contraindre. Un autre obstacle:
il n'y a pas de livres. On peut les comman-
der. Mais les livres commandés sont mauvais; on ne peut forcer personne à écrire de
bons livres. Mais voici le principal empêche-
ment: le peuple ne veut pas lire ces livres,
et de le forcer à les lire, on n'a pas encore
trouvé le moyen. Et le peuple continue à
s'instruire, non dans des écoles d'écriture et
de lecture, mais d'après sa méthode propre.

Peut-être le moment historique n'est-il
pas encore arrivé pour le peuple de partici-
per à l'instruction commune, et lui faut-il en-

core une centaine d'années pour apprendre
l'écriture et la lecture ; peut-être est-il dépravé (comme plusieurs le croient) ; peut-être
faut-il qu'il écrive lui-même des livres pour
lui ; peut-être n'a-t-on pas encore trouvé la
bonne méthode ; peut-être aussi l'enseignement par le livre, par l'écriture et la lecture
est-il un moyen d'instruction aristocratique,
moins accessible à la classe ouvrière du
peuple que tels autres qui se sont développés
de nos jours. Peut-être que le principal
avantage de l'enseignement par l'écriture et
la lecture, — la faculté de transmettre la
science sans ses moyens auxiliaires — n'existe
plus aujourd'hui pour le peuple. Peut-être
qu'il est plus aisé à l'ouvrier d'apprendre la
botanique par les plantes, la zoologie par
les animaux, l'arithmétique par la table à
calculer, avec quoi il est familiarisé, — que
par le livre. Peut-être qu'il trouvera le
temps d'écouter un récit, de regarder un

15.

musée, une exposition, et qu'il ne trouvera
pas le temps de lire le livre. Il est possible
encore que l'enseignement par le livre soit
absolument contraire à son genre de vie
comme à son caractère. Assez souvent
voyons-nous l'attention, l'intérêt, une compréhension nette se manifester chez l'ouvrier, lorsqu'un homme qui sait lui expose
et explique les choses ; mais on s'imagine
moins aisément le même ouvrier, avec un
livre ouvert dans ses mains calleuses, approfondissant la science exposée populairement
sur les deux pages.

J'indique là des raisons qui peuvent être
fort erronées, mais l'absence de toute littérature populaire et la répugnance du peuple
pour l'enseignement par l'écriture et la lecture n'en sont pas moins des faits constants
pour toute l'Europe. De même aussi elle
est répandue dans l'Europe entière, l'opinion du monde enseignant, qui considère

l'écriture et la lecture comme le premier
degré de l'instruction. L'origine de cette
opinion, qui semble si déraisonnable,
s'expliquera très clairement, dès que nous
aurons étudié le développement historique
de l'instruction.

IV

Au début se fondèrent, non point des écoles élémentaires, mais des écoles supérieures : d'abord les écoles de monastères, puis les écoles moyennes, puis les écoles populaires. Chez nous s'établirent d'abord l'Académie, puis les universités, puis les gymnases, puis les écoles de district, puis les écoles populaires. À ce point de vue historique, le manuel de Smaragdov, qui expose en trente-deux pages l'histoire du genre humain, est aussi nécessaire dans l'école du district que l'écriture et la lecture dans l'école populaire. L'écriture et la lecture est le dernier degré de l'instruction dans

cette hiérarchie organisée des établissements
d'enseignement, où le premier degré en
commençant par la fin, et c'est pourquoi
l'école inférieure doit se borner à répondre
aux besoins de l'école supérieure.

Mais il existe un autre point de vue, dans
lequel l'école populaire apparaît comme une
institution indépendante, qui n'a point à se
préoccuper de tous les besoins de l'enseignement supérieur à ses différents degrés,
mais qui a son objet propre et distinct. Plus
bas nous descendons sur cette échelle de
l'instruction, échelle organisée par le gouvernement, plus la nécessité se fait sentir
de constituer, pour chaque degré, un enseignement indépendant et complet. Du gymnase un cinquième seulement ne passe pas
dans l'université ; de l'école du district, un
cinquième seulement passe dans le gymnase ;
un sur mille passe de l'école populaire à
l'école supérieure. Par conséquent, la con-

formité de l'école populaire avec les établissements supérieurs est le dernier but que
doive poursuivre l'école populaire. Par
contre cette conformité peut seule expliquer
l'opinion qui a cours sur les écoles populaires, comme sur les écoles d'écriture et de
lecture.

V

La discussion qui s'est élevée dans notre
littérature, sur l'utilité ou l'inconvénient de
l'écriture et de la lecture, et dont il est si
facile de rire, nous la trouvons, nous,
très sérieuse, et de nature à résoudre plusieurs questions. Cette discussion, du reste,
n'a point existé et n'existe pas que chez
nous. Les uns disent qu'il est nuisible pour
le peuple d'avoir la possibilité de lire les
livres et les journaux que la spéculation et
les partis politiques lui mettent entre les
mains; que l'écriture et la lecture font sortir
la classe ouvrière de son milieu, lui inspi-

rent le dégoût de son état, provoquent les
vices en elle et la pervertissent. Les autres
disent ou comprennent que l'instruction ne
peut pas être nuisible, qu'elle est toujours
utile. Les uns sont des observateurs plus ou
moins consciencieux, les autres des théoriciens.

Comme il arrive toujours dans les discussions, et les uns et les autres ont absolument
raison. Le différend, ce nous semble, provient uniquement de ce que la question n'est
pas nettement posée. Les uns, à juste titre,
attaquent, dans l'écriture et la lecture, la
faculté de lire et d'écrire considérée en elle-
même, indépendamment de toute autre
science (ce qu'ont fait jusqu'ici la plupart
des écoles; car ce qu'on apprit par cœur
s'oublie, il ne reste que l'écriture et la lecture). Les autres défendent l'écriture et la
lecture, en sous-entendant le premier degré
de l'instruction, et ils ne pèchent que par

l'idée inexacte qu'ils se font de l'écriture et de la lecture.

Si la question se pose ainsi : l'instruction élémentaire est-elle utile ou non pour le peuple? nul ne peut répondre négativement. Mais si l'on demande : est-il utile ou non d'apprendre au peuple la lecture, quand il ne sait pas lire et qu'il n'a pas de livres à lire? tout esprit impartial, je l'espère, répondra : Je ne sais pas. Je ne sais pas, pas plus que je ne sais s'il serait utile d'apprendre à tout le peuple à jouer du violon, à faire des souliers.

Mais en examinant plus attentivement les résultats de l'écriture et de la lecture telle qu'elle s'enseigne au peuple, je crois que la majorité se prononcera contre, si l'on considère la contrainte continue, le développement disproportionné de la mémoire, l'inintelligence du but final de la science, la répugnance pour tout enseignement ulté-

rieur, le faux amour-propre et l'habitude de
lire sans comprendre, qui se gagnent dans
ces écoles. Dans l'école de Yasnaïa Poliania[1],
tous les élèves venus des écoles d'écriture
et de lecture sont toujours en arrière des
élèves formés uniquement à l'école de la vie,
et d'autant plus en arrière qu'ils ont étudié
davantage aux écoles d'écriture et de
lecture.

[1] Domaine du comte Léon Tolstoï, près de Toula, où il
avait fondé une école pour les petits moujiks.

VI

En quoi consiste la tâche et, partant, le programme de l'école populaire? Non seulement nous ne saurions ici l'expliquer, mais nous ne le croyons nullement possible. L'école populaire doit répondre aux besoins du peuple, voilà tout ce que nous pouvons dire de positif sur une telle question.

Mais en quoi consistent ces besoins? Seule leur étude peut répondre, et une libre expérience. Mais l'écriture et la lecture ne constituent qu'une petite, une imperceptible partie de ces besoins, et c'est pourquoi les écoles d'écriture et de lecture sont des écoles très agréables peut-être pour leurs fondateurs, mais à peu près inutiles et souvent nuisibles pour le peuple, et qui ne ressemblent pas du tout même à des écoles d'enseignement élémentaire. Par suite encore la question : comment apprendre le plus rapidement à écrire et à lire, et par quelle méthode ? est une question peu intéressante pour l'instruction populaire. Par suite encore les personnes qui, pour se distraire, s'occupent des écoles d'écriture et de lecture, feront beaucoup mieux de changer cette occupation pour une autre plus intéressante, car le problème de l'instruction publique, qui n'a point pour objet unique l'écriture et la lecture, ne se présente pas seulement comme ardu, il exige nécessairement un travail immédiat et opiniâtre et, de plus, l'étude du peuple.

Mais ces écoles d'écriture et de lecture, dans la mesure compatible avec les besoins du peuple, s'établissent et existent elles-

mêmes, et autant qu'il en faut. Elles existent chez nous en grand nombre, leurs instituteurs ne pouvant, en fait de science, rien
enseigner d'autre que l'écriture et la lecture ; et le peuple a besoin, dans une certaine proportion, de les connaître en vue de
buts pratiques, — pour écrire un chiffre,
lire une enseigne, une monnaie, pour lire
le psautier aux morts, etc. Il en est de ces
écoles comme des ateliers de tailleurs ou de
menuisiers ; même le peuple considère du
même œil les uns et les autres : comme
l'élève, de lui-même, finit, avec le temps,
par apprendre on ne sait comment, ainsi,
l'apprenti, que le patron emploie pour son
service personnel — aller chercher la vodka,
fendre le bois, nettoyer le ruisseau —
arrive néanmoins au terme de son apprentissage. De même aussi que les différents mé-
tiers, cet art de l'écriture et de la lecture
ne sert jamais pour l'instruction ultérieure.

mais seulement pour des buts pratiques.
Le sacristain ou le soldat enseigne, et le
mougik, de ses trois fils, lui en envoie un
pour l'apprentissage de l'écriture et de la
lecture comme il envoie l'autre au tailleur,
contentant ainsi les légitimes aspirations de
chacun. Mais voir là un certain degré de
l'instruction et, sur ce fondement, organiser
une école d'État à laquelle on ne trouve
d'autre défaut qu'une méthode défectueuse
d'enseignement de l'écriture et de la lecture, et attirer le peuple dans cette école
par la ruse ou la contrainte, ce serait un
crime et une erreur.

Mais dans l'école populaire comme vous
la comprenez, me dira-t-on, l'enseignement
de l'écriture et de la lecture constituera
dans tous les cas l'une des principales conditions de l'instruction, tant parce que l'opinion populaire en sent le besoin, que parce
la plupart des instituteurs ne savent guère

enseigner autre chose ; et c'est pourquoi le problème de la méthode d'enseignement de l'écriture et de la lecture se présente dans tous les cas comme difficile et veut être résolu.

À cela nous répondrons que, dans la plupart des écoles, par suite de notre insuffisante connaissance du peuple et de la pédagogie, l'enseignement commence en effet par l'écriture et la lecture ; mais que la façon d'apprendre à épeler et à former les lettres est pour nous chose de la plus nulle importance et depuis longtemps trouvée. Les sacristains enseignent l'écriture et la lecture par *bouki* — *az* = *ba* pendant trois mois ; un père intelligent, un frère, par le même procédé, enseigne beaucoup plus vite ; par la méthode de Zolotovsky et de Lautir on apprend, dit-on, encore plus rapidement.

Mais qu'on apprenne par l'une ou l'autre méthode, on n'aura rien gagné si l'on n'a

pas appris à comprendre ce qu'on lit ; ce
que doit avant tout se proposer l'enseignement de l'écriture et de la lecture. Or, de
cette méthode, la plus nécessaire, la plus
difficile, et qui reste à trouver, — pas un
mot. Et c'est pourquoi la question de savoir
quelle est la plus commode manière d'enseigner à écrire et à lire, bien que deman-
dant une réponse, est pour nous si peu
importante, c'est pourquoi cette obstination
à chercher une méthode, cette inutile dé-
pense de forces qui trouveraient un meilleur
emploi dans l'instruction ultérieure, nous
apparaît comme un grand malentendu ré-
sultant d'une compréhension peu claire tant
de l'écriture et de la lecture que de l'instruction.

VII

Autant que nous sachions, toutes les méthodes existantes peuvent se ramener à trois et à leurs combinaisons :

1° La méthode des « lettres », l'épellation, et l'étude mnémonique d'un livre, Buchstabirmethode ;

2° La méthode des voyelles, et l'addition des consonnes qu'on ne prononce jamais qu'avec la voyelle ;

3° La méthode des sons.

La méthode de Zolotovsky est une ingénieuse combinaison de la seconde et de la troisième méthode, comme toutes les autres

44

méthodes ne sont que des combinaisons de ces trois méthodes fondamentales.

Toutes sont également bonnes. Chacune, à un certain point de vue, a ses avantages suivant la langue, suivant même les aptitudes de l'élève, et chacune a ses inconvénients.

La première, par exemple, facilite l'étude des lettres en les appelant : « az, bouki, vedi », et reporte toute la difficulté sur les syllabes qui en partie s'apprennent par cœur, en partie se devinent d'instinct à la lecture du livre appris par cœur dans son entier.

La seconde facilite les syllabes et rend difficile l'étude des lettres et la prononciation des demi-voyelles, surtout dans notre langue, où les voyelles sont si compliquées et si nuancées.

La méthode des sons, l'une des bizarres créations de l'esprit allemand, offre de grandes commodités pour l'étude des syllabes composées, mais elle est impossible pour l'étude des lettres. Et quoique les règlements des séminaires proscrivent la *Buchstabirmethode*, les lettres s'apprennent néanmoins d'après cette ancienne méthode.

Celle de Zolotovsky présente un grand avantage pour la réunion des syllabes en mots, et aussi parce que les consonnes, étant inséparables des voyelles, sont aphones ; mais elle a ses inconvénients pour l'étude des lettres et des syllabes composées. Elle est plus commode que d'autres, uniquement parce qu'elle combine deux méthodes ; mais elle est loin d'être parfaite, parce qu'elle est une méthode.

Notre ancienne méthode, qui consistait à apprendre les lettres, en les appelant *be, ve, ge, me, te*, etc., et à les énoncer ensuite à haute voix en supprimant la voyelle inutile *e*, et inversement, a aussi ses avantages et ses défauts ; elle est de même une combinaison des trois méthodes.

L'expérience nous a convaincu qu'il n'y a ni mauvaise, ni bonne méthode ; que le défaut de toute méthode, c'est de nous assujettir exclusivement à une seule méthode ; que la meilleure méthode, c'est de n'en avoir point d'exclusive, mais de les connaître, les employer toutes, et d'en trouver de nouvelles au fur et à mesure des difficultés qui se présentent.

VIII

Nous avons divisé les méthodes en trois
catégories ; mais cette division n'a rien
d'essentiel ; nous ne l'avons faite que pour
la clarté. Il n'y a pas de méthode à proprement parler ; chacune comprend en soi
toutes les autres. Quiconque a enseigné
l'écriture et la lecture a employé pour cela,
sans bien s'en rendre compte, toutes les
méthodes qui existent et doivent exister.
L'invention d'une méthode nouvelle n'est
que la découverte d'un nouveau procédé
applicable à l'enseignement ; elle ne sup-
prime pas pour cela l'ancienne ; loin d'être
meilleure que l'ancienne, elle devient pire,

14.

en voulant tout d'abord, le plus souvent,
jeter à bas la partie la plus essentielle des
anciennes méthodes.

Mais la plupart considèrent la découverte
du nouveau système comme l'abolition de
l'ancien, quoiqu'en fait l'ancien n'en subsiste
pas moins dans toute sa force; et les inven-
teurs qui nient avec le plus de raison les
anciennes méthodes et, par cette négation,
compliquent encore les choses, ne font que
marcher sur les traces de ceux qui emploient,
en connaissance de cause, les procédés anciens, et, sans s'en rendre compte, les procédés nouveaux et futurs.

Prenons pour exemple la méthode la plus
ancienne avec la plus nouvelle : celle de
Cyrille et de Méthode, et celle des sons, —
l'ingénieuse Fis-buch[1] — qu'on emploie en
Allemagne. Le sacristain, le mougik, qui
enseigne, comme dans le passé, par a,

[1] Mot allemand composé : Fisch, poisson, de Buch, livre.

bouki... a presque toujours l'intuition d'expliquer à l'élève l'aphonie de la consonne, et il dira que dans *bouki* on ne prononce que le *b*. J'ai vu un mougik, en instruisant son fils, lui expliquer *be, ve* et continuer ensuite par les syllabes et les sons. Si l'instituteur n'a pas cette intuition, l'élève comprendra de lui-même que le son essentiel de *be* est *b* sans *e*. Et voilà la méthode des sons.

La plupart des vieux instituteurs, en faisant composer un mot de deux syllabes et plus, écrira une syllabe et dira : « Cela fait *bo*, cela fait *go*, cela fait *ro*, etc. » Et voilà une partie des procédés de la méthode de Zolotovsky et de la méthode des voyelles.

Quiconque fait apprendre l'alphabet, oblige l'élève à regarder le tracé du mot « Dieu » et à prononcer, en même temps, « Dieu » ; et par ce moyen un livre entier se lit d'un bout à l'autre, et l'élève s'assimile librement ce mécanisme compliqué,

joignant le principal avec l'accessoire, pro-
nonçant un mot donné, puis le décomposant
en ses divers éléments. Et voilà toutes les
nouvelles méthodes et des centaines d'autres
encore que, sans bien s'en rendre compte,
tout vieil instituteur intelligent emploie
pour expliquer le mécanisme de la lecture
à son élève, tout en lui laissant l'absolue
liberté de s'éclaircir ce mécanisme à lui-
même par telle voie qu'il trouvera la plus
commode.

Sans parler des centaines d'exemples que
je sais d'enseignement très rapide par la
vieille méthode d'écriture et de lecture,
bouki-az = ba... et très lent par les
nouvelles, j'affirme que l'ancienne est pré-
férable en ce qu'elle contient toutes les nouvelles, au moins implicitement, alors que la
nouvelle rejette les anciennes ; et puis l'ancienne méthode est libre, et la nouvelle s'impose.

— Comment, libre ! me dira-t-on, alors que dans l'ancienne méthode on ingurgite les syllabes à coups de verges, et que, dans la nouvelle, on dit « vous » aux enfants et on les prie seulement de comprendre ?

Mais c'est une contrainte pour l'enfant, la plus grave et la plus nuisible, que de le prier de comprendre de la même façon que l'instituteur. Quiconque a enseigné lui-même a dû remarquer que, de même qu'on peut combiner différemment 3, 4 et 8, de même on peut différemment combiner b, r, a. Pour un élève 3 et 4 = 7, et encore 3 = 10, reste 5 ; de même aussi, pour lui, a et r, et b en avant de ra font bra. Et pour un autre 8 et 3 = 11, et encore 4 = 15 ; de même aussi b et r doivent faire bra, parce qu'on a toujours épelé bra, vra, gra, etc. ; et mille autres manières encore, dont celle-ci « b, r et a font bra » n'est qu'un exemple, et peut-être, à mon avis, l'un des pires. Il faut n'avoir

jamais enseigné et ne point connaître les
hommes et les enfants pour s'imaginer que,
bra n'étant que la réunion de *b*, *r* et *a*, il
suffit d'apprendre à chaque enfant *b*, *r* et *a*,
pour qu'il épelle. Vous lui dites : *b*, *r*, *a*,
quel son? » Il répond : *ra* et il a absolument raison, son oreille est ainsi confor-
mée. Un autre répond : *a*; le troisième :
br, etc. Vous lui dites : *a*, *e*, *i*, *o*, *u*
sont les principales lettres : mais pour lui
les lettres principales sont *r*, *l*, et ces sons
que vous prétendez lui faire entendre, il ne
les saisit point.

IX

Mais ce n'est pas tout; l'instituteur sorti du séminaire[1] allemand, imbu de la meilleure méthode, enseigne par la méthode Fisch-buch. Hardiment, avec assurance, il s'assied dans sa chaire; les appareils sont prêts; les petites planchettes où sont gravées les différentes lettres, et le livre avec l'image d'un poisson. L'instituteur jette un regard circulaire sur ses élèves, et il sait déjà tout ce qu'ils doivent comprendre; il sait de quoi est composée leur âme et encore beaucoup d'autres choses qu'il a apprises au séminaire.

[1] C'est l'équivalent de nos écoles normales.

Il ouvre le livre et montre le poisson.

— Qu'est ce que c'est que cela, mes chers enfants ?

C'est, voyez-vous, l'*Anshauungsunterricht**.

Les pauvres enfants sont ravis de ce poisson, s'ils n'ont déjà entendu dire dans d'autres écoles, ou par leurs frères aînés, de quel supplice ce poisson est la cause, quelles tortures morales, quel martyre on leur inflige pour ce poisson. Quoi qu'il en soit, ils répondront :

— C'est un poisson.

— Non, réplique l'instituteur.

(Tout ce que je dis là est, non point une fable, ni une satire, mais l'exacte reproduction de faits que j'ai vus, sans exception, dans toutes les meilleures écoles d'Allemagne et dans celles des écoles d'Angleterre

* Mot allemand : enseignement abrégé par les yeux

où l'on a réussi à implanter cette jolie et parfaite méthode.)

— Non, dit l'instituteur. Qu'est-ce que vous voyez là ?

Les enfants se taisent. N'oubliez pas qu'ils sont obligés de se tenir convenablement, chacun à sa place et sans bouger, *ruhe und gehorsam*[1].

— Allons, que voyez-vous là ?

— Un livre, fait le plus sot.

Les plus intelligents, pendant ce temps, ont déjà réfléchi mille fois sur ce qu'ils voient, et ils sentent qu'ils ne devineront pas ce que demande l'instituteur ; qu'il faut dire que le poisson est, non pas un poisson, mais quelque chose dont ils ne savent pas le nom.

— Oui, oui, dit l'instituteur enchanté ; très bien, très bien, un livre.

Les plus intelligents s'enhardissent ; le

[1] Mots allemands : tranquillité et attention.

15

sot ne sait point lui-même pourquoi on le félicite.

— Mais sur le livre, qu'y a-t-il? demande l'instituteur.

L'élève le plus vif, le plus intelligent devine et avec une joyeuse fierté il dit :

— Des lettres.

— Non, non, pas du tout ! répond, non sans tristesse, l'instituteur : réfléchis donc à ce que tu dis.

De nouveau les plus intelligents gardent un morne silence. Ils ne cherchent même plus, ils songent aux lunettes du maître, et pourquoi il ne les ôte pas, puisqu'il regarde par-dessus, etc.

— Allons, qu'y a-t-il sur le livre?

Tous se taisent.

— Qu'y a-t-il ici?

— Un poisson, dit un vaillant.

— Oui, un poisson, mais pas un poisson vivant?

— Non, pas vivant.

— Très bien. Mais mort ?

— Non.

— Très bien. Alors quel poisson est-ce ?

— Une image.

— C'est cela ! Très bien !

Tous répètent : « C'est une image, » et croient que c'est fini. Point, il faut encore dire que c'est une image représentant un poisson. Et par le même procédé l'institu-teur cherche à leur faire dire que c'est une image représentant un poisson. Il s'imagine que les élèves raisonnent ; et l'on ne devine aucunement s'il a l'ordre de forcer les élèves à dire que c'est une image représentant un poisson, ou s'il agit ainsi de son plein gré ; mais alors il serait beaucoup plus simple de les forcer franchement à apprendre par cœur cette sage sentence.

Heureux encore les élèves que l'institu-teur laisse en repos là-dessus ! J'en ai vu moi-même qu'il forçait à dire que c'était, non pas un poisson, mais une chose, et que cette chose était un poisson.

Cela, voyez-vous, c'est le nouvel Aushauungsunterricht appliqué à l'écriture et à la lecture; cela, c'est l'art de forcer les enfants à réfléchir.

Mais voici que l'Aushauungsunterricht est fini, et que commence la décomposition du mot. On montre le mot Fisch (poisson), formé de lettres sur des cartons. Les meilleurs élèves, les plus intelligents croient tomber juste et saisir à la fois la forme et le nom des lettres : mais loin de là.

— Le poisson, qu'est-ce qu'il a en avant?

Épouvantés, ils se taisent. Enfin le vaillant dit :

— La tête.

— Bien! très bien! Et la tête, où se trouve-t-elle, dans quelle partie?

— En avant.

— Très bien : mais après la tête, quoi?

— Le poisson.

— Non, réfléchissez !

C'est le corps, qu'ils doivent dire. Ils le disent aussi : mais déjà ils ont perdu tout espoir, toute assurance, et toutes leurs facultés intellectuelles se tendent pour comprendre ce que veut l'instituteur : la tête, le corps et la fin du poisson, la queue.

— Très bien !

Tous à la fois :

— Le poisson a une tête, un corps et une queue.

— Voilà un poisson composé de lettres, et voilà un poisson dessiné...

Et le poisson (Fisch) composé de lettres se décompose tout à coup en trois parties : F, i et sch. L'instituteur, avec la suffisance d'un escamoteur qui, au lieu de vin, inonde les spectateurs de roses, retire F, le montre et dit :

— C'est la tête... *i*, c'est le corps... *sch*, c'est la queue...

Et il répète.

— Fisch... ffff... iiii...

Et les pauvres petits s'exténuent, sifflent, pour prononcer la consonne sans la voyelle, ce qui est impossible matériellement.

X

Pour l'écriture et la lecture il y a une méthode, et pour le développement initial de la pensée, il y a aussi une méthode. L'Anshauungsunterricht les réunit toutes deux en une, et les enfants doivent passer par des trous d'aiguille. Toutes les mesures sont prises pour qu'en dehors de cette voie tout développement soit impossible dans l'école. Tout mouvement, toute parole, toute question, défendus. « Les mains ensemble. Tranquillité et attention. » Et il y a des gens pour se moquer de *bouki-az = ba*, pour affirmer que *bouki-az = ba* est une méthode mortelle aux facultés intellectuelles,

et pour prôner la Lautir-méthode combinée
avec l'Anshauungsunterricht, c'est-à-dire
pour recommander d'apprendre par cœur:
« Le poisson — Fisch — est une chose, et f
c'est la tête, i le corps, sch la queue du poisson », et de ne pas apprendre par cœur le
psautier et le livre d'heures.

Les pédagogistes anglais et français pro-
noncent avec fierté le mot, difficile pour
eux, de Anshauungsunterricht, et parlent
d'introduire la chose dans leur enseignement. Pour nous, cet Anshauungsunterricht,
dont il m'arrivera encore de parler en détail,
m'apparaît comme quelque chose d'absolument incompréhensible. Qu'est-ce que c'est
que cet enseignement Anshauungsunterricht?
Mais quel enseignement pourrait exister,
sinon Anshauungsunterricht? Les cinq sens
concourant tous à l'enseignement, il fut et
sera toujours Anshauungsunterricht.

Pour l'école d'Europe qui tâche de reje-

ter le formalisme du moyen âge, pour cette
école on comprend le nom et l'idée de l'enseignement Anshauungsunterricht en oppo-
sition avec l'ancien enseignement; mais
pour nous, je le répète, « Aushauungsunterricht » n'a aucun sens.

Moi, jusqu'ici, au cours de mon étude de
cet Anshauungsunterricht et de la méthode
Pestalozzi dans toute l'Europe, je n'ai rien
trouvé, sinon qu'il faut apprendre la géographie par les globes, la géométrie par les
figures, la zoologie par les animaux, etc.,
ce que chacun de nous sait depuis sa naissance, ce qu'il n'était pas besoin d'inventer
puisque c'est inventé depuis longtemps par
la nature elle-même, et, par suite, familier
à quiconque n'est pas élevé dans les idées
contraires.

Et ces méthodes, et d'autres analogues,
on vient nous les proposer sérieusement, à
nous qui commençons nos écoles dans la

15,

seconde moitié du XIXe siècle, sans embar-
ras historique, sans erreurs qui pèsent sur
nous, avec une conscience tout autre que
celle qui servait de base aux écoles européennes. Et sans parler du mensonge de ces
méthodes, de la violence qu'elles font à
l'esprit des élèves, à quoi bon, pour nous,
alors que nos sacristains enseignent en six
mois d'après *bouki-az = ba*, à quoi bon emprunter la Lautiraushanungsunterrichtme-
thode qui exige un an et plus d'étude?

XI

Nous avons dit plus haut qu'à notre sens
toute méthode est bonne, toute exclusive ;
toute méthode est commode pour de certains élèves, pour une certaine langue, pour
un certain pays. Donc la méthode des sons
et toute autre méthode non russe sera pour
nous pire que *boutki-az = ba*. Si en Allemagne,
où plusieurs générations ont été élevées de la
sorte d'après de certaines lois énoncées par
les Kant et les Schleiermacher, où se forment
les meilleurs instituteurs, où la Lautirmé-
thode est pratiquée depuis le xvıı⁰ siècle, la
méthode Lautiranshauungsunterricht donne
des résultats si peu brillants, que serait-ce
chez nous, si la loi imposait une pareille

méthode, un pareil *Lesebuch*[1] à prétentions
morales ? Que deviendrait l'enseignement
avec une méthode que ne s'assimilerait ni
le peuple ni l'instituteur ?

Je veux citer ici quelques exemples recueillis près de nous. Cet automne, un instituteur qui avait enseigné à l'école de Yasnaïa Poliana ouvrit une école au village.
Sur quarante élèves, la moitié avait appris
d'après *bouki-az* = *ba* et d'après le sens, et
le tiers savait lire. Au bout de deux semaines, les moujiks manifestent contre son
école un mécontentement général. Les principaux griefs sont qu'on enseigne en allemand *a*, *be*, et non point *az*, *bouki*, qu'on
apprend des contes et non point des prières,
qu'il n'y a pas d'ordre dans l'école. Au cours
d'un entretien que j'ai avec l'instituteur, je
lui rapporte l'opinion des moujiks. Le maître,
un nourrisson de l'Université, avec un sou-

[1] Livret de lecture.

rire méprisant, m'explique qu'il enseigne *a*, *be* au lieu de *az*, *bouki* pour faciliter la syllabation, qu'on lit des contes pour accoutumer à comprendre ce qu'on lit d'après sa méthode nouvelle ; punir les enfants, il ne le trouve point nécessaire ; par suite, cet ordre sévère auquel les moujiks sont habitués pour leurs enfants ne saurait exister.

Je visitai cette école la troisième semaine. Les garçons étaient divisés en trois catégories, et l'instituteur allait soigneusement des uns aux autres.

Les uns, les plus petits, debout près de la table, devant un carton d'alphabet, apprenaient par cœur la partie où se trouvaient les lettres. Je les interrogeai : plus de la moitié savaient les lettres en les appelant *az*, *bouki*, etc. ; quelques-uns connaissaient même les syllabes ; l'un d'eux savait déjà lire, mais il apprenait à nouveau, suivant du doigt et répétant *a*, *be*, *ve*, s'imaginant que c'était là quelque chose de neuf.

Les autres, les moyens, composaient à haute voix : *se, ke, a — ska*, l'un faisant les demandes, les autres les réponses. Et ils en étaient là depuis trois semaines, alors qu'il suffit d'une journée pour s'assimiler cette façon d'élider la voyelle superflue *e*. J'en trouvai parmi eux qui connaissaient les syllabes d'après l'ancienne méthode et qui lisaient. Ceux-là, comme les premiers, avaient honte de leur science et la reniaient, s'imaginant qu'il n'y avait point de salut pour eux s'ils ne composaient *be, re, a = bra* (à l'allemande).

Les troisièmes, enfin, lisaient. Ces pauvrets étaient assis sur le plancher, chacun tenant à la main, sous ses yeux, un livre ; et, faisant le geste de lire, ils répétaient à haute voix les deux vers suivants :

« Partout, jusqu'au bout du ciel,
« Le peuple vit sans pain...

Ces vers finis, ils les recommençaient avec une mine triste et préoccupée, en me regardant de temps à autre, comme pour me demander : « Est-ce bien ? » C'est navrant à raconter, et peu croyable. De ces garçons les uns savaient lire parfaitement, les autres n'épelaient même pas : ceux qui savaient se taisaient par amitié pour leurs camarades ignorants, ceux qui ne savaient pas répétaient par cœur, et, depuis trois semaines, ils répétaient toujours et uniquement ces deux vers du conte, mauvais pour le peuple, de Ierschov.

J'interrogeai sur l'histoire sainte : personne ne savait rien, parce que l'instituteur, suivant *la nouvelle méthode*, ne forçait point d'apprendre par cœur, il racontait d'après un abrégé d'histoire sainte.

J'interrogeai sur la numération : personne ne savait, bien que l'instituteur, deux heures par jour, la leur montrât à tous sur le ta-

bleau, et jusqu'aux millions; mais il ne forçait point d'apprendre par cœur.

J'interrogeai sur les prières : personne ne
savait ; quelques-uns les disaient, mais avec
des fautes, comme ils les avaient apprises à
la maison.

Et tous sont des enfants divers, pleins de
vie, d'intelligence, d'ardeur pour l'étude !
Et ce qui est le plus affreux, tout cela se
faisait d'après ma méthode ! Tous les procédés employés dans mon école, je les re-
trouvais ici : et les lettres que tous ensemble
écrivaient à la craie, et l'épellation à haute
voix, et la première lecture accessible à
l'enfant, et le récit d'histoire sainte, et
l'étude des mathématiques sans les apprendre
par cœur. Mais, avec tout cela, partout se
sentait le procédé le plus familier au maître,
celui d'apprendre par cœur, le seul qu'il pos-
sédât, et qu'il appliquait à tort et à travers :
il forçait d'apprendre par cœur, non la

prière, mais le conte de Ierschov, et l'histoire sainte non d'après le livre, mais d'après la mauvaise, la morte narration qu'il en faisait; de même pour les mathématiques et la lecture.

Et impossible de lui mettre dans la tête, à ce pauvre instituteur formé par l'université, que tous les reproches de ces *grossiers* moujiks sont mille fois fondés, que le sacristain enseigne incomparablement mieux que lui; que s'il veut, lui aussi, réussir, il peut enseigner l'écriture et la lecture par *bouki-az = ba*, en apprenant par cœur, et qu'ainsi il obtiendra des résultats pratiques. Mais l'instituteur de l'université, à son dire, a étudié la méthode de l'école de Yasnaïa Poliana, qu'il lui plaît de prendre pour modèle on ne sait pourquoi.

XII

L'autre exemple, je l'ai vu dans une école
de district de l'une de nos deux capitales.
Après avoir entendu, le cœur plein d'effroi,
le meilleur élève corner à nos oreilles, dans
la classe supérieure, les canaux de la Russie et, dans la classe moyenne, l'histoire
d'Alexandre de Macédoine, nous voulions
nous retirer, moi et l'ami qui m'accompa-
gnait dans cette visite, lorsque l'inspecteur
des écoles nous pria de venir chez lui exa-
miner sa méthode nouvelle d'enseignement
de l'écriture et de la lecture, méthode inventée par lui et toute prête à publier.

— J'ai choisi huit enfants, *les plus pauvres,*

nous dit-il, et c'est sur eux que je fais mes expériences et que je vérifie ma méthode.

Nous entrons : huit garçons sont debout, pêle-mêle.

A vos places ! crie l'inspecteur, d'un ton de voix emprunté à la méthode la plus ancienne.

Les enfants se mettent en cercle, et présentent le front. Pendant près d'une heure, il nous expose comment, naguère, dans toute la capitale on employait cette jolie méthode des sons, mais qu'à présent elle a survécu dans sa seule école et qu'il veut la ressusciter. Les enfants sont toujours debout. Enfin il prend sur la table un tableau avec l'image d'une *misch*[1].

— Qu'est-ce que c'est que ça ? dit-il en montrant la misch.

— Un bœuf, répond un garçon.

— Qu'est-ce que c'est ? — *m*.

[1] Souris.

Le garçon répète : *m*.

— Et cela *i*, et cela *sch* ; ensemble misch.
Et en ajoutant ici *lo*, cela fera « *milo* »*.

À peine, à grand peine les enfants arrivent-
ils à nous donner ces réponses, apprises
par cœur.

J'essaye de les interroger sur quelque
chose de neuf : personne ne sait rien en
dehors de *misch* et de *bœuf*.

— Est-ce qu'ils apprennent depuis longtemps ? demandai-je.

Voilà deux ans déjà que l'inspecteur
poursuit ses expériences. Et des enfants de
six à neuf ans, et tous vivants, des enfants
véritables, pas des poupées, mais vivants !...

Sur mon observation qu'en Allemagne la
méthode des sons ne s'applique pas ainsi,
l'inspecteur m'explique qu'en Allemagne,
malheureusement, la méthode des sons va
se perdant. J'essaye de l'assurer du contraire,

* Savon.

mais lui, comme pour confirmer son dire,
il m'apporte d'une autre pièce cinq alphabets allemands des années 1830 et 1840,
qui ne sont point établis d'après la méthode
des sons. Nous restons muets et nous nous
retirons, mais les huit enfants demeurent
pour les expériences de l'inspecteur. C'était
dans l'automne de 1861.

Et comment ce même inspecteur pourrait-
il enseigner congrûment l'écriture et la lecture à ces huit garçons, en les obligeant à
s'asseoir comme il faut devant la table avec
des alphabets et des baguettes, et même en
leur tirant les cheveux comme les lui tirait
à lui-même le père sacristain qui l'a enseigné? Combien, combien d'exemples d'un
pareil enseignement par les méthodes nouvelles ou pourrait citer dans notre temps si
fécond en créations d'écoles, sans parler
des écoles du dimanche, tout infestées de
ces absurdités!

XIII

Voici maintenant des exemples contraires :

Dans l'école du village ouverte le mois dernier, pour la rentrée des classes, je remarquai un grand garçon camus de quatorze ans environ, lequel, pendant que les enfants répétaient les lettres, marmottait quelque chose en souriant avec suffisance. Il n'était point inscrit dans la liste des écoliers. Je l'interrogeai : il savait toutes les lettres, ne se trompant que très rarement sur les *bouki*, *reff*, etc. Comme toujours, il avait honte de cela, croyant que c'était défendu et mauvais.

Je le questionnai sur les syllabes, il les

savait ; je le fis lire, il lisait sans épeler, quoiqu'il ne s'en doutât pas lui-même.

— Où as-tu appris ?

— Cet été, quand j'étais berger, je vivais avec un camarade : il savait et il m'a montré.

— As-tu un alphabet ?

— Oui.

— D'où le tiens-tu ?

— Je l'ai acheté.

— As-tu étudié longtemps ?

— Cet été, aux champs, quand il me montrait ; et voilà, j'ai étudié.

Un autre, élève de l'école de Yasnaïa Poliana, qui avait étudié chez le sacristain, un garçon de dix ans, m'amena une fois son frère. Ce frère, âgé de sept ans, lisait bien ; il l'avait appris de son aîné, en un hiver, aux veillées.

Je connais nombre d'exemples analogues, et quiconque voudra en chercher dans le

peuple en trouvera beaucoup. Alors à quoi
bon nous inventer des méthodes nouvelles
et, coûte que coûte, abandonner *bouki-az—
ba* et trouver bonnes toutes les méthodes,
excepté *bouki-az — ba?*

En outre de tout cela, la langue russe et
notre *Kirillitza*[1] ont, sur toutes les langues
de l'Europe et sur tous les alphabets, un
avantage considérable, et qui les distingue
des autres, d'où doit naturellement résulter
un tout autre mode d'enseignement de
l'écriture et de la lecture. L'avantage de
l'alphabet russe consiste en ce que chaque
son se prononce comme il s'écrit, ce qu'on
ne trouve point dans une autre langue.

[1] Alphabet de Cyrille.

XIV

Quelle est donc la meilleure méthode d'écriture et de lecture russe ? Ni la plus nouvelle, celle des sons, ni la plus ancienne, celle des *az*, de l'épellation et du sens, ni la méthode des voyelles, ni la méthode de Zolotovsky. En un mot, il n'y a pas de meilleure méthode. La meilleure méthode, pour un certain instituteur, c'est celle qu'il connaît le mieux. Toutes les autres, qu'il sait et qu'il invente, doivent concourir à l'enseignement commencé d'après une méthode. Chaque peuple, chaque langue ont une affinité particulière avec une certaine méthode. Pour la reconnaître, il suffit de savoir quelle méthode a présidé le plus longtemps à l'enseignement d'un peuple : ce sera celle-là qui, par ses traits fondamentaux, conviendra le mieux à ce peuple. Pour nous, c'est la méthode des lettres, de l'épellation et du sens, très imparfaite, comme toutes les méthodes, et qui, par suite, peut recevoir tous les perfectionnements apportés par les méthodes nouvelles.

Il faudrait, pour apprendre l'écriture et la lecture le plus rapidement possible, enseigner chacun en particulier, et employer pour chacun une méthode particulière. Ce qui se présente à l'un comme une difficulté invincible, n'arrête pas l'autre un seul instant, et inversement. Tel écolier est doué d'une excellente mémoire, il lui est plus aisé d'apprendre par cœur la syllabation que de comprendre l'aphonie de la consonne ; tel autre, plutôt capable de réflexion, s'assimilera la méthode des sons la plus rationnelle ; un troisième a le flair, l'intuition ; en lisant des mots entiers, il saisira la loi de formation des mots.

Le meilleur instituteur sera celui qui tout de suite aura toute prête, entre les mains, l'explication de la difficulté qui arrête l'élève. Ces explications donnent au maître la connaissance d'un plus grand nombre de méthodes avec la faculté d'en imaginer de nouvelles ; et, point essentiel, loin de s'astreindre à une seule méthode, il se convaincra que toutes sont exclusives, et que la meilleure serait celle qui résoudrait toutes les difficultés possibles que rencontre l'élève, c'est-à-dire l'art et le talent, et non point la méthode.

Tout instituteur chargé d'enseigner l'écriture et la lecture doit connaître à fond et contrôler par son expérience une méthode élaborée par le peuple ; il doit tâcher de connaître le plus grand nombre de méthodes

possible pour s'en servir comme de moyens
auxiliaires ; il doit, chaque fois que l'élève
comprend difficilement, l'imputer à faute
non pas à l'élève, mais à son propre enseignement, et chercher à développer en soi la
faculté d'inventer de nouveaux procédés. Il
doit savoir que toute méthode nouvelle n'est
qu'un degré de plus qu'il faut gravir pour
aller plus loin ; que si lui-même s'y refuse,
un autre, en s'assimilant cette méthode,
grâce à elle progressera ; et que l'enseignement étant un art, si l'absolue perfection
n'en saurait être atteinte, il peut du moins
se développer et se perfectionner à l'infini.

TABLE

TABLE 283

TABLE 285

ÉVREUX, IMPRIMERIE DE CHARLES HÉRISSEY

Collection in-18 jésus à 3 fr. 50.

EUGÈNE BONTOUX

L'UNION GÉNÉRALE

SA VIE. — SA MORT. — SON PROGRAMME

AUGUSTE CHIRAC

LA HAUTE BANQUE

ET

LES RÉVOLUTIONS

BENJAMIN CONSTANT

LETTRES A SA FAMILLE

COMTE DE PUYMAIGRE

LES VIEUX AUTEURS CASTILLANS

LADISLAS MICKIEWICZ

ADAM MICKIEWICZ

SA VIE ET SES ŒUVRES

AUGUSTE CHIRAC

L'AGIOTAGE

SOUS LA TROISIÈME RÉPUBLIQUE

1870-1887

Deux volumes in-18.

www.ingramcontent.com/pod-product-compliance
Lightning Source LLC
Chambersburg PA
CBHW081146020726
47504CB00009B/2015

* 9 7 8 1 5 3 5 8 0 6 3 8 1 *